Friedrich Faset

Die Weinproduktion und ihre Besteuerung in Österreich

Friedrich Faset

Die Weinproduktion und ihre Besteuerung in Österreich

ISBN/EAN: 9783743412118

Hergestellt in Europa, USA, Kanada, Australien, Japan

Cover: Foto ©Andreas Hilbeck / pixelio.de

Weitere Bücher finden Sie auf **www.hansebooks.com**

Die

Weinproduktion

und ihre

Besteuerung in Oesterreich,

wie selbe zum

Vortheile der Weinbauern, Gastwirthe, der Consumenten
und dem Staate geregelt werden könnte.

Ueberreicht an

Se. k. k. Apostolische Majestät und an Se. Excellenz den
Herrn Finanzminister

von

Friedrich Jaseth

in Gumpoldskirchen.

―――

Wien, 1869.

Selbstverlag des Verfassers.

Druck von Ludwig Mayer.

Vorwort.

Es ist eine unbestreitbare Thatsache, daß die Weinproduktion Oesterreichs statt Fortschritte zu machen im Rückgange begriffen ist und die mit der Weinproduktion sich beschäftigende Landbevölkerung der Verarmung entgegen geht. Einer der Hauptursachen dieses volkswirthschaftlichen Uebelstandes ist zuverläßig in der den Weinproducenten auferlegten unverhältnißmäßigen hohen Verzehrungssteuer zu suchen, vermöge welcher für jeden Eimer Wein der Betrag von Einen Gulden 68 Kreuzer entrichtet werden muß; Berücksichtigung verdient dann noch die ungleiche Vertheilung derselben und die mit dieser Steuer verknüpften mannigfaltigen Schwierigkeiten und Beschränkungen des Verkehrs. Wenn in Erwägung gezogen wird, daß diese Steuer dem Staate nur ein Brutto Erträgniß von nicht vollen fünf Millionen abwirft, so dürfte es gewiß auch vortheilhaft sein, daß ein die Weinkultur in einer der vorzüglichsten Weingegenden Niederösterreichs durch vierzig Jahre sorgfältig betreibender Mann die Mittel und Wege in die Hand gibt, die oberwähnte Steuer um Einen Gulden achtzehn Kreuzer für das Flachland und inner den

Linien Wiens von jedem Eimer um zwei Gulden zweiundachtzig Kreuzer herabsetzen zu können, und dem Staate ein Mehreinkommen von Zehn Millionen netto im ersten Jahre zu biethen. Dies ist die ausgesprochene Absicht der nachfolgenden in schlichten, aber patriotischen Worten an Seine k. k. Apostolische Majestät und an Seine Excellenz den Herrn k. k. Finanzminister bereits im Jahre 1862 gestellten Vorschläge und möge man denselben die entsprechende Würdigung nicht versagen.

Gumpoldskirchen, am 1. Jänner 1869.

Friedrich Jaseth.

Euer Majestät!

Laut des Ausweises A, gezogen aus den Berichten der k. k. Landwirthschafts-Gesellschaft in Wien, vom Jahre 1857, besitzt die österreichische Gesammt-Monarchie:

	Joch Weinland	jährliches Erträgniß Eimer	Werth der Erzeugnisse Gulden
	1,232,975	47,205,250	201,326,000
Abschlag der Lombardie	134,400	2,688,000	10,752,000
Rest	1,098,575	44,517,250	190,574,000

Durch die Beilage B wird nachgewiesen, daß sich das Steuer-Einkommen in der sämmtlichen Monarchie in Betreff der Weinbesteuerung (ohne Abschlag der Regiekosten) im Durchschnitte von sechs Jahren, das ist vom Jahre 1851 bis inclusive 1856 nur auf die jährliche Summe von 4,796,931 Gulden 40 Kreuzer stellte. Dadurch zeigt sich klar und deutlich, daß die Verzehrungssteuer in Betreff des Weines auf eine höchst unpraktische Weise geregelt und eingetheilt ist, wodurch vielen Steuerpflichtigen gewiß gegen dem Willen Eurer Majestät, manche Unbill zugefügt wurde.

Das hohe k. k. Finanz-Ministerium weiß, wie viele Eimer Wein im Durchschnitte erzeugt werden, welches Einkommen jährlich durch die Verzehrungssteuer des Weines dem Staate zufließt, und muß erkennen, daß das Einkommen des Staates mit der Erzeugung des Weines nicht in dem entferntesten Verhältnisse steht. Daher wurde stets, seit der Einführung der Verzehrungssteuer, oder doch nach jeder abgelaufenen Abfindungsperiode von den betreffenden Gemeinden und allen übrigen Gewerbetreibenden, welche der Verzehrungssteuer des Weines unterliegen, immer mehr und mehr an dieser Steuer gefordert.

Alle dagegen von den Gemeinden und den steuerpflichtigen Geschäftsleuten an die Abfindungs-Commissäre gemachten Vorstellungen waren vergebens. Man erhielt nur die Antwort: „Ich bin nicht berechtigt etwas von der mir aufgetragenen Summe nachzulassen, und entweder willigen Sie ein, oder Sie werden beschrieben, und da wissen Sie, welchen belästigenden Schwierigkeiten und Strafen Sie ausgesetzt sind."

Es sei mir erlaubt, Euere Majestät in tiefster Demuth um die allerhöchste Gnade zu bitten, nur in kurzen Rissen die **Behandlung einer ärarischen Beschreibung** mittheilen zu dürfen.

1. Von dem Augenblicke der Beschreibung an, ist der Beschriebene nicht mehr Herr seines Eigenthumes. Alle Localitäten im Hause werden aufgenommen, jeder Zugang zu dem Schankkeller bis auf eine Thür wird versiegelt. Wenn außer dem Schankkeller noch ein Vorrathskeller vorhanden ist, so werden in diesem ebenfalls die Weine aufgenommen und die Thür versiegelt, so wie überhaupt auch alle vollen Weinfässer, welche sich im Hause befinden mit Siegel belegt werden, daher der Geschäftsmann nur auf eine oder höchstens zwei Gattungen seines eigenen Weinvorrathes beschränkt bleibt. Dadurch wird nicht allein der Steuerpflichtige in seinem Geschäfte gehemmt und benachtheiliget und auch das Aerar selbst in seinem Einkommen verkürzt; mit einem Worte, der Eigenthümer wird in seinem eigenen Hause als ein **verdächtiger Mensch**, der nur die Verkürzung des Aerars im Schilde führt, behandelt, und man darf nur mit Bedacht und Vorsicht jeden Schritt im Hause machen, damit man ja nicht sorglos, durch das von Kindheit auf gewohnte Aufmachen einer Thür, das angelegte Siegel verletzt, welche Verletzung mit großer Strafe belegt wird.

Ich selbst öffnete einmal unbedacht die Thür meiner Weinpresse um einen leeren Kübel zu holen und mußte fünf Gulden Strafe zahlen, und diese milde Strafe wurde mir nur deßhalb zu Theil, weil mich die Finanzwache, als einen rechtlichen Mann anerkannte, sonst wäre mir das **Holen des benöthigten Kübels aus dem Schranke meines eigenen Hauses** übler bekommen.

2. Bei dem Ausschanke des Weines mußte der Geschäftsmann ein eigenes Protokoll führen, in welchem **jedes halbe Seitel Wein**, das ausgeschenkt wurde, eingetragen sein mußte.

Wenn die Finanzwache kam, wurde das laufende beschriebene Faß abgemessen, die Posten des Ausschank-Protokolles zusammengezählt und sollten jedesmal bis zu einem Seitel Wein überein stimmen. War das nicht der Fall, **war man auch schon straffällig**.

Es wäre noch so manches anzuführen, welches dem Geschäftsmanne in seinen Keller-Unternehmungen sehr nachtheilig war, weil selbst die kleinste Unternehmung **24 Stunden früher** der Finanzwache angezeigt werden mußte, welche sodann nur in ihrer Gegenwart unternommen werden durfte.

Es ist leicht einzusehen, daß man sich lieber einem übermäßig anbefohlenen Abfindungsbetrage ergab, als daß man sich einer solchen qualvollen Plackerei unterwirft, und auf diese Weise geschah es, daß man nicht nur den von Eurer Majestät geforderten Betrag per Eimer zu 1 Gulden 68 Kreuzer bezahlte, **sondern bedeutend mehr leistete, um nur seine häusliche Freiheit zu erhalten**.

Somit zahlte man nicht nur Verzehrungssteuer, sondern auch einen bedeutenden Theil von Freiheitssteuer, obwohl wir recht gut wissen, daß dies nicht der Wunsch und Wille unseres allergnädigsten Herrn und Kaisers gewesen ist.

Noch zum größten Unglücke traten die verderblichen Fröste des Frühjahrs 1861 heran.

Es ist Jedermann im Vaterlande bekannt, daß der Weinbau seit 100 Jahren noch keinen so allgemeinen großen Nachtheil und Schaden in unserem Vaterlande erlitten hat, als im Jahre 1861, was sich auch überall bei der Weinernte bestätiget hat.

In diesem für den Weingärtenbesitzer und Gastwirthe höchst bedrängte Jahre waren mit Ende Oktober die Pacht- und Abfindungsverträge in Betreff der Verzehrungssteuer abgelaufen. Alle hofften in ihrer Noth und ihrer Bedrängniß, daß in diesem unglücklichen Jahre, in Betreff der Verzehrungssteuer des Weines, bei den Abfindungen ein angemessener Nachlaß und Milderung eintreten werde. Als die Abfindungsverhandlung gepflogen wurde, mußte man mit gerechtem Staunen von den betreffenden Commissären erfahren, daß sie ganz kaltblütig auf der alten Leistung, welche die betreffenden Steuerpflichtigen nur in guten Jahren geleistet haben, verharren.

Da man in besseren Jahren, um der Freiheit willen, mehr als die gesetzliche Steuer ist, geleistet hat, so läßt sich leicht begreifen, daß in einem so unglücklichen Jahre, welches Gott über den Weinbau verhängt hat, gegen ein solches Begehren von Seite der Steuerpflichtigen alle gründlichen und wahrheitsgetreuen Vorstellungen erhoben wurden.

Allein auch in diesem höchst bedrängten Jahre blieben alle Vorstellungen fruchtlos, denn man wich um kein Haar von den alten Abfindungsverträgen. Es ist sehr leicht einzusehen, daß man auf eine solche Forderung in einem so großen Mißjahre nicht eingehen konnte, und sogar genöthigt war, um die qualvolle Beschreibung anzusuchen, weil man wußte, daß man durch die Beschreibung zwar drückende Schwierigkeiten zu dulden, aber dennoch vom Eimer nicht mehr als 1 Gulden 68 Kreuzer zu zahlen habe.

Aber selbst diese gerechte Bitte wurde mit den Worten abgeschlagen: "Es gebe keinen Nachlaß und keine Beschreibung, es müsse unbedingt ohne Rücksicht auf Fechsung der alte Betrag gezahlt werden; denn es fände nur eine Zuweisung der Steuer "nach Ermessen statt, gegen welche nur der Recurs freistehe."

Auf solche Weise wurde die Verzehrungssteuer eingebracht und bei all diesem schweren Drucke der betreffenden Steuerpflichtigen wurde dem Staate ohne Abschlag der Regiekosten, wie in der Beilage B zu ersehen ist, die ganz geringe Summe von 4,796,931 Gulden 40 Kreuzer abgeführt, von welcher wahrscheinlich auch noch die Hälfte dieser Summe für Regiekosten aufgegangen ist.

Da ich aber durch mein Streben für die Hebung des vaterländischen Weinbaues zur Ueberzeugung gelangt bin, welche segensreiche Hilfsquelle durch den Weinbau geboten ist, wenn selber von den Produzenten auf vernünftige und practische Weise bearbeitet und behandelt, und von Seite des Staates eben auch auf vernünftige und practische Weise, für das Staatseinkommen benützt wird, so habe ich den nachstehenden Entwurf verfaßt, den ich Euer Majestät in tiefster Ehrfurcht zu unterbreiten mir erlaube.

In diesem Entwurfe habe ich die Mittel geboten, allen Druck in Betreff der Weinbesteuerung zu beseitigen, so zwar, daß die Steuer von jedem Eimer Wein um **mehr als einen Gulden** vermindert werden könnte, und dennoch dem Staate ein jährliches reines Einkommen von 14,000,000 **Gulden** zugeführt würde.

Somit wäre nicht nur für den Staat auf practische Weise gesorgt, sondern auch für die Weincultur, welche in unserem Vaterlande noch kaum die Jünglingsjahre erreicht hat, zu ihrer vollkommenen Entwicklung beigetragen. Es werden kaum 10 Jahre vergehen, so wird dadurch der Weinbau im gesammten Vaterlande in seiner Entwicklung die vollkommenen Mannesjahre erreicht haben, wodurch sich sodann auch das Staatseinkommen, ohne die Steuer zu erhöhen an 20 **Millionen Gulden** belaufen würde.

Als die Verzehrungssteuer eingeführt wurde, hatte Seine Majestät Kaiser Franz mit dem besten Willen festgesetzt, **daß jede Person, welche einen Wein verzehrt, zu dieser Steuer beitrage.**

Das war der Wille des höchstseligen Kaisers Franz, das war der Wille Seiner Majestät des Kaisers Ferdinand und das ist auch der Wille Eurer k. k. Majestät, was auch ganz mit dem weisen Wahlspruch Eurer Majestät übereinstimmt:

„mit vereinten Kräften",

denn nur mit vereinten Kräften kann für das Vaterland, gewirkt werden.

Prüft man diese guten Absichten der erhabenen Regenten Oesterreichs, so sieht man, daß, was die Verzehrungssteuer des

Weines betrifft, der Wille dieser erhabenen Regenten umgangen worden ist.

Die Verzehrungssteuer wurde, soweit es nur möglich war, von der reichen ganz auf die arbeitsame und zum größten Theil auf die ärmste Menschenclasse übergewälzt. Davon rührt der von mir angeführte Druck, daher rührt bei all' dem schweren Drucke der Weinbesteuerung für den Staat doch ein kaum Namen habendes Einkommen.

Die Verzehrungssteuer des Weines von der Einführung derselben bis zur Stunde war bloß für geschlossene Städte geregelt, weil bei den Linien der Städte jedes Quantum Wein versteuert werden mußte.

Sie trifft wohl in diesen Städten Jedermann, den Reichen wie den Armen, jedoch zum größten Theile das Militär, kleine Geschäftsleute, Handwerksburschen und Tagwerker, weil immer 200 Unbemittelte auf einen Wohlhabenden kommen, und die Wohlhabenden im Frühjahr, Sommer und Herbst zum größten Theile auf das Land ziehen und sich mit Umgehung der Verzehrungssteuer ihren Weinbedarf verschaffen können.

Außer den Bewohnern der geschlossenen Städte, also am Flachlande trifft die Verzehrungssteuer einzig und allein nur die unbemittelte Menschenclasse, die kleinen Geschäftsleute, den Bauer und Weingartenbesitzer, den Handwerksburschen und Tagwerker, mit einem Worte alle Jene, welche nicht in der Lage sind, sich ihren Weinbedarf Eimerweise zu kaufen.

Ist es denn gerecht, bei dieser Classe Menschen allein eine Einkommensquelle zu suchen, um das Vaterland zu retten?

Diese Weise ist nach meiner Ansicht doch ganz gewiß nicht gerecht, das ist nicht der Wille Gottes und auch nicht der Wille unseres Herrn und Kaisers, das ist nicht nach dem Wahlspruche gehandelt:

„Mit vereinten Kräften!"

Wie dieß geschehen konnte, so gegen den klaren Willen der drei nach einander folgenden erhabenen Regenten zu handeln, indem doch das Wort „Verzehrungssteuer" umfassend ist, begreife ich nicht. Daß es aber geschehen ist und wie es noch geschieht, um die betreffende Verzehrungssteuer des Weines nach Möglichkeit zu umgehen, will ich folgender Maßen nachweisen:

Durch einen hohen Erlaß wurde bestimmt, daß Alles, was unter einem Eimer Wein verkauft wird, der Verzehrungssteuer unterliege, was aber im Gebünde von 40 Maß verkauft werde, frei sei, wozu auch selbst ein ärarisch beschriebener Weingärtner als Buschenschenker, so wie auch jeder beschriebene Gastwirth berechtigt war, in Gegenwart der Finanzwache zu verkaufen. Der so verkaufte Eimer wurde sodann vom Kellerstande abgerechnet, und weder der Verkäufer noch der Käufer, wenn selber nicht ein Gastwirth war, entrichteten eine Steuer davon.

Hierdurch ist erwiesen, daß der schon angeführte Druck nur auf die betreffenden ärmeren Steuerpflichtigen fiel, und daß die Verzehrungssteuer nur immer jene Menschenclasse traf, welche nicht in der Lage war, sich einen ganzen Eimer zu kaufen.

Der betreffende Gastwirth, welcher sich mit dem Kleinausschanke des Weines befaßt, ist noch über die Regiekosten für Localität, Holz, Licht und Dienstpersonal ꝛc., mit drei Steuern belastet, nämlich mit der Erwerb-, Einkommen- und Verzehrungssteuer.

Ich will mir erlauben in Kürze darzustellen, wie die betreffenden steuerpflichtigen Geschäftsleute, von Denjenigen, welche nichts zahlen im höchsten Grade in ihrem Geschäfte benachtheiligt und beeinträchtigt werden, wodurch selben der schmerzvolle Druck erhöht und auch das hohe Aerar im höchsten Grade verkürzt wird.

1. Jeder wohlhabende Privatmann kauft sich seinen Hausbedarf an Wein in Eimern, wodurch dem steuerpflichtigen Geschäftsmanne der Gast, und zugleich dem Staate die Steuer entzogen wird.

2. Größere Geschäftsleute legen sich ebenfalls ihren Hausbedarf in Eimern ein, welchen sie nicht allein selbst genießen, sondern in Gesellschaft consumiren, wobei an ihre Verwandten und Bekannten der Wein zum Theil maßweise, oder in Viertel oder

halben Eimern, um einen geringeren Preis, als es bei einem besteuerten Geschäftsmanne möglich ist, vertheilt wird.

3. Unter den größeren Geschäftsleuten, welche in der Lage sind, den Wein eimerweise sich einzuschaffen, gibt es solche gewinnsüchtige Männer, die nicht nur den Wein in ihrer Haushaltung oder mit ihren Verwandten oder Bekannten unversteuert genießen, sondern sogar selben ihren Gesellen und sonstigem Dienstpersonale per Maß um einige Kreuzer billiger verabfolgen, als es ein besteuerter Geschäftsmann thun kann, damit sie ihren eigenen Bedarf nicht nur unversteuert, sondern sogar umsonst genießen.

Durch solche Männer, mit all' ihren Bekannten und Verwandten, sammt ihrem ganzen Personale wird den gesetzlich besteuerten Geschäftsleuten der Verdienst, dem Staate aber die Steuer entzogen.

Zwar ist es nicht erlaubt, für Geld an sein Dienst- und Arbeitspersonal Wein zu verabfolgen, aber wer ist im Stande, jedes Haus zu überwachen, da der Einkauf nach Eimern freigestellt ist?

4. Nun kommen die großen Fabriken und Gewerksbesitzer an die Reihe. Diese Herren befassen sich wohl nicht mit den schon erwähnten Umgehungen der Verzehrungssteuer des Weines, denn dieses wäre ihrem Stande gemäß zu kleinlich. Solche Männer wissen schon im größeren Maßstabe das Staatseinkommen in Betreff der Verzehrungssteuer des Weines zu umgehen!

Sie errichten für ihre Fabrik oder Gewerkschaft eine Traiterie unter dem schönen Vorwande, ihren Arbeitsleuten nur bloß aus Liebe und Mitleiden alle mögliche Bequemlichkeit zu verschaffen, damit sich dieselben nicht bei schlechter Witterung oder bei Mangel an Zeit, außer dem Hause ihre Nahrungsmittel holen dürfen. Weil es ihnen bloß um das Wohl und den Vortheil ihrer Arbeiter zu thun ist, so wurde von solchen Traiterien auch immer nur ein ganz geringer Abfindungsbetrag in Betreff der Verzehrungssteuer gefordert, z. B. 30, 40 oder höchstens 50 Gulden.

Eigentlich besteht aber keine Traiterie, sondern ein förmliches Einkehrgasthaus.

Denn eine großartige Fabrik oder Gewerkschaft benöthiget viel Transportmittel, auch viel Auf- und Abladepersonal. Der Traiteur einer solchen Fabrik kann vermöge der geringeren Verzehrungssteuer, auch einen besseren oder billigeren Wein, als ein gesetzlich besteuerter Gastwirth, welcher vom Eimer 1 Gulden 68 Kreuzer Steuer zu leisten hat, verabfolgen.

In Folge dessen sprechen von den nächsten Ortschaften viele Gäste bei einem solchen Traiteur ein, wogegen die Gastwirthe, welche sich in den Ortschaften befinden, und mit den rechtmäßig gesetzlichen Steuern belastet sind, mit solchen Leuten nicht concurriren können, ihre Gäste verlieren, und bei all ihrer Thätigkeit sammt ihrer Familie zu Grunde gehen.

Durch diese Begünstigung wird eine solche Traiterie zu einem förmlichen Einkehrgasthause, und nicht selten, werden in einer solchen Traiterie zwei-, drei- und auch vierhundert Eimer ausgeschenkt, wofür nur 50 Gulden Abfindungsbetrag als Verzehrungssteuer bezahlt werden.

Wenn nur 300 Eimer Wein ausgeschenkt werden, so beträgt die Verzehrungssteuer per Eimer dann nur $16\tfrac{2}{3}$ Kreuzer, wogegen der gesetzlich besteuerte Geschäftsmann 1 Gulden 68 Kreuzer zu entrichten hat.

Diese Ungleichheit in der Besteuerung ist der Druck, der den rechtlichen Mann zu Boden streckt und es ist klar, daß ein Modus gesucht und gefunden werden muß, der alle Staatsbürger einer gleichen Steuerpflicht unterwirft.

Der Fabriks- oder Gewerksbesitzer, welcher scheinbar nur zum Wohle und zur Begünstigung seiner Arbeiter die Traiterie errichtet hat, läßt sich dann auch 3—400 Gulden Pacht zahlen, wodurch sich zeigt, daß ihm seine Arbeiter den eigenen Bedarf des Weines sogar gänzlich umsonst verschaffen!

Auf eine solche Art, lassen die reichen Herren ihren Arbeitern die Wohlthaten zukommen und eben auch auf solche Art suchen sie unter dem Mantel der Mildthätigkeit das Staatseinkommen zu schmälern.

Auch unter den gesetzlich besteuerten Geschäftsleuten trifft man sehr häufig rücksichtlich der Verzehrungssteuer sehr unrichtige und widerrechtliche Bemessungen. Ich kenne Geschäftsleute, welche 1000—1200 Eimer Wein im Ausschanke und Kleinverschleiße in ihrem Geschäfte verbrauchen, und weniger Verzehrungssteuer zahlen, als so Manche andere, welche nicht einmal 100 Eimer im Jahre verbrauchen.

Auf solch eine unpractische, wiederrechtliche, ja willkürliche Weise beruht bis zur Stunde die Bemessung der Verzehrungssteuer.

5. Aber zu allen schon angeführten Gründen in Betreff der Schmälerung des Staatseinkommens bei der Weinbesteuerung kommt noch folgender Hauptgrund:

Viele hunderte ja tausende Weinhändler zahlen blos die Erwerb- und Einkommensteuer und diese nur derart, daß selbe mit ihren großartigen Geschäften nicht im geringsten Verhältnisse steht. Von der Verzehrungssteuer sind selbe, außer den Weinen, welche sie für geschlossene Städte benöthigen, gänzlich befreit.

Unter diesen gibt es Männer, welche im Jahre hindurch 40,000—60,000 Eimer verkehren. Sie haben ihre Agenten, überschwemmen das Vaterland nach allen Richtungen mit unversteuerten Weinen, drücken die armen Erzeuger, welche schon mit der Grundsteuer ihrer Weingärten derart hoch belastet sind, daß von einem Joch Weingarten eben so viel Steuer verlangt wird, als von neun Joch der besten Weizenäcker, wie es in Beilage C zu ersehen ist.

Es ist in meiner wahrheitsgetreuen specificirten Rechnung über Kostenauslagen mit Inbegriff der Steuer genau ersichtlich, was sich ein Weingärtner bei den günstigsten Jahren erübrigen könne, woraus aber auch ersichtlich ist, daß ein Weingärtner mit allem Fleiße und Thätigkeit nicht im Stande ist, in seiner Wirthschaft nur einen Schritt vorwärts zu machen.

Es ist daher auch leicht zu begreifen, daß dieser Stand größtentheils in Noth versunken ist, daher ihm die Weine leicht abgedruckt werden können.

Und wenn ein solcher armer Erzeuger in der Noth einige Eimer Wein von seinen sauer erworbenen Erzeugnissen ausschenkt, um seine wichtigsten Bedürfnisse zu decken, so muß er genau und pünktlich von jedem Eimer 1 Gulden 68 Kreuzer zahlen.

So stehen die Verhältnisse mit dem Erwerb des Weinbaues, so stehen die Verhältnisse der Gastwirthe, Private und Weinhändler.

Indem ich durch 40 Jahre den Weinbau betreibe, und 20 Jahre eine Gasthausgerechtigkeit besitze, und mich eben auch durch 20 Jahre mit einem kleinen Weinhandel beschäftige, so war mir die Gelegenheit geboten in diesen drei Fächern vollkommene practische Erfahrungen zu sammeln, wodurch ich auch ganz genau den Druck und die Umgehung der Verzehrungssteuer kennen gelernt habe.

Ich kann mit Recht sagen, daß nach der gegenwärtigen Einrichtung nicht der fünfte Theil des Erzeugnisses versteuert wird.

Und gerade von denen, welche viele Weingeschäfte machen und nichts zahlen, hört man noch immer über die Besteuerung des Weines klagen, und sogar den Vorschlag machen, daß es gut wäre, wenn die Verzehrungssteuer dem Erzeuger gleich bei der Fechsung auferlegt würde; denn damit wären alle Schwierigkeiten dieser Steuer gehoben. Aber wie falsch und unpractisch ist und bleibt diese Ansicht!

Da ich mich wie schon erwähnt, durch die angeführten Jahre mit allen diesen drei Geschäften befasse, so glaube ich auch, daß ich ganz auf unparteische Weise gründliche und practische Auskünfte zu geben in der Lage bin.

Ich habe die Auslagen eines Joch Weingarten, mit Inbegriff der auferlegten Steuer specificirt, woraus ersichtlich ist, daß es bereits unmöglich ist, daß der Erzeuger seinen auferlegten Pflichten nachkommen könne.

Ich habe auch nachgewiesen, daß der Erzeuger nicht im Stande ist, für sein arbeitsunfähiges Alter zu sorgen, noch viel weniger für seine Kinder etwas zu erübrigen.

Wenn daher das kleinste Gewicht in die Wagschale des Weinbaues noch gelegt wird, so wird ihn dieser, wenn auch noch so kleine Druck nicht nur zu Grunde richten, sondern es wird auch die segensreiche Hilfsquelle, welche durch den Weinbau dem Staate geboten ist, ganz und gar zu Grunde gerichtet werden.

Wäre dieß nach dem Willen und Wunsche Eurer Majestät gehandelt, „mit vereinten Kräften," für das Wohl des Staates zu wirken? — wenn man der ärmsten und arbeitsamsten Menschenclasse, die alleinige Last zuwälzen würde, wo doch nach dem Willen Eurer Majestät durch das Wort Verzehrungssteuer, alle Völker, welche einen Wein genießen, zu dieser Steuer im möglichst gleichem Betrage beitragen sollen?

Man sucht den Vorschlag zur „Weinbesteuerung bei der Erzeugung" damit zu beschönigen: „Der Weingartenbesitzer rechne ja die zu entrichtende Verzehrungssteuer zum Kostenpreis des Weines!"

Aber alle jene Männer, welche diese schönen Worte aussprechen, wissen recht gut, je mehr der Mensch gedrückt ist, je geldbedürftiger er ist, desto leichter wird ihm sein sauer erworbenes Product zu jedem Preis abgedrückt; und den dürftigen Landmann trifft dann bei dem Mangel an Absatz, bei den unglücklichen Zollverträgen Oesterreichs die Steuer allein.

In tiefster Ehrfurcht erlaube ich mir daher meinem gnädigsten Herrn und Kaiser über die Besteuerung des Weines folgenden, auf practische Erfahrungen beruhenden Vorschlag zu unterbreiten, wobei Euer Majestät die Gelegenheit geboten ist, bei jedem Eimer von der gegenwärtigen Steuer mehr als einen Gulden nachzulassen und zugleich zu bewirken, daß künftig die Besteuerung auf keinem Stande schwer und drückend lastet, und dem Staate schon in dem ersten Jahre ein reines Einkommen von 14 Millionen Gulden zufließt.

Da im Eingange nachgewiesen ist, daß in unserem Vaterlande alljährlich 44,517,250 Eimer Wein erzeugt werden, und sich von diesem Erzeugnisse die Steuersumme bloß mit 4,796,931 Gulden 40 Kreuzer herausstellte, so ist klar zu ersehen, daß diese Summe mit der Eimerzahl nicht im entferntesten Verhältnisse steht, und daß sie dennoch bei all diesem ganz geringem Staatseinkommen, auf vielen der betreffenden Steuerpflichtigen schwer und drückend lastet.

Vorschlag zur Einführung eines neuen Weinbesteuerungs-Gesetzes.

§. 1. Es soll aller vorräthige Wein bei den Erzeugern, Gastwirthen, Weinhändlern und Privaten überall, mit Ausnahme der Weinvorräthe in den geschlossenen Städten, aufgenommen werden.

Bei dieser Aufnahme wäre auf folgende practische Weise vorzugehen:

Es sollen von Seite der hohen Regierung Commissäre bestimmt werden, so daß einem Bezirk von beiläufig hunderttausend Eimer Fechsung oder Vorrath zwei Commissäre zur Aufnahme zugewiesen würden.

Diesen zwei l. f. Commissären sollten in jeder Gemeinde zwei fachkundige Männer als Beirath beigegeben werden, und von den l. f. Commissären sollten den Gemeindemitgliedern der Weinvorrath in die dazu vorgerichteten Verzeichnungsbögen gleichlautend eingetragen werden.

Die Verzeichnißbögen würden den Namen der Besitzer, die Hausnummer, die Eimerzahl und den Namen der betreffenden Gemeinde enthalten, wodurch zugleich eine Controle hergestellt wäre.

Es würde sich durch diese Aufnahme genau herausstellen, daß die österreichische Gesammtmonarchie mehr als 44 Millionen Eimer Wein erzeugt.

Da aber jetzt die Weine ganz anders behandelt werden, und selbe ein öfteres Abziehen verlangen, so ist es nöthig, daß von jedem Eimer sechs Maß für Lager, Sool, Schwendung und Fülle in Abrechnung kommen.

Es ergebe sich, daß von hundert Eimern fünfzehn Eimer in Abrechnung gebracht werden, und der Abzug von 44 Millionen Eimern würde 6,600,000 Eimer oder in runder Summe sieben Millionen betragen. So blieben 37 Millionen Eimer. Von dieser Summe nehme ich an, daß eine Million Eimer als Trauben genossen werden, und daß eine weitere Million Eimer durch Unkenntniß und unpractische Behandlung zu Grunde geht, daher von mir das Erträgniß mit 35 Millionen Eimer festgestellt wird.

Da sonach der sämmtliche Verlust-Abzug von 44 Millionen, neun Millionen Eimer beträgt, so bleiben noch 35 Millionen Eimer zu einer ganz mäßigen Besteuerung übrig.

Es könnte sich sodann kein Mann, der es mit Kaiser und Vaterland gut und aufrichtig — nicht nur in Worten, sondern auch in der That meint — zu beklagen haben, wenn Euere Majestät durch allerhöchst Dero gütigen und milden Machtspruch von jedem Eimer die Steuerlast um den Betrag **per ein Gulden achtzehn Kreuzer reduciren**, somit die Steuer vom Eimer anstatt per 1 Gulden 68 Kreuzer bis auf 50 Kreuzer zu mildern geruhen würden.

Da jetzt die Einbringung der Verzehrungssteuer des Weines auf die drückendste und schmerzlichste Weise erfolgt, und dennoch nur dem Staate, wie in Beilage B ersichtlich ist, die ganz geringe Summe, ohne Abschlag der großen Regiekosten von 4,796,931 Gulden 40 Kreuzer zufließt, so würde dagegen nach meinem Vorschlage, welcher vor Gott und der Welt gerecht und billig ist, dem Staate die Summe ohne Abschlag der Regiekosten mit 17½ Millionen Gulden zugeführt werden.

§. 2. Nach der Aufnahme aller Weinvorräthe in der Monarchie, welche leicht in zwei Monaten geschehen kann, wäre anzuordnen:

„**Daß jeder Käufer eines Weines, als Steuer seines gekauften Weines von jedem Eimer 50 Kreuzer an die dazu bestimmten Cassen, alsogleich bei der Abfuhr des Weines zu entrichten habe.**"

§. 3. Jeder Weinbesitzer ist für seinen von der Weinbesteuerungs-Commission aufgenommenen steuerbaren Wein verantwortlich.

Im Falle die Steuer bei der Abfuhr des Weines nicht entrichtet würde, soll der Verkäufer anstatt 50 Kreuzer als Gebühr, und Strafe per Eimer 1 Gulden entrichten.

§. 4. Nie soll der Verkäufer, sondern immer der Käufer die Steuer entrichten. Der Käufer hätte die Eimerzahl, seinen Wohnort, seinen Namen und den Namen des Verkäufers anzugeben. Diese Angaben kommen in die vorgerichteten Bögen einzutragen. Der Verkäufer hätte eben auch dem Käufer eine derlei Bestätigung auszufertigen, welche in seinem Aufnahmsbogen, zu seiner eigenen Deckung einzutragen wäre.

Somit wäre auch zugleich die Controle genau und pünktlich geführt, die Aufgabe der neuen Steuereinführung derart erleichtert, daß das ganze Jahr hinburch keine Kellerrevision nothwendig wäre, weil es sich beim Jahresabschluß ganz genau und pünktlich ausweisen würde.

§. 5. Der Gemeindevorstand hätte in seiner Gemeinde nicht nur für die richtige Versteuerung der aufgenommenen Weine zu wachen, sondern auch dafür zu haften, daß der Erlag der Steuer mit dem Hauptbuche, so wie auch mit den Bögen des Verkäufers, wo jedesmal der verkaufte Wein, ans dem aufgenommenen Kellerstande, in einer eigenen Rubrik ausgesetzt ist, übereinstimmen.

Somit wäre eine leichte Uebersicht für die k. k. Bezirks-Commissäre und für die denselben beigegebenen Gemeinde-Commissäre, und für den Verkäufer auf practischste Weise geschaffen.

§. 6. Der Jahresabschluß sollte im Monat September, das heißt, immer vor der Weinernte durch eine vorausgegangene Kellerrevision vorgenommen werden, wodurch sich der Verkauf des Weinvorraths genau herausstellen, und die Steuer mit dem Weinabgange von jeder Gemeinde stimmen würde.

§. 7. Durch diese Einrichtung wären nach der Einführung dieser Besteuerung, in einem Jahre nur zwei Kellerrevisionen nothwendig, und wäre dadurch den Erzeugern und den Gastwirthen, so wie auch den Weinhändlern durch das ganze Jahr hindurch, mit ihrem Eigenthum die Verfügung nach ihrem Gutbefinden freigestellt.

§. 8. Nach dieser Einrichtung hätte die Keller-Controle, das ist der Jahres-Abschluß im Monat September, die neue Aufnahme der jährlich neu erzeugten Weine hingegen mit Ende October, das heißt, nach vollkommen beendeter Weinlese zu beginnen.

Da die Aufnahme des bereits eingelagerten Weinvorrathes, mit der Einkellerung der neu angekauften oder nachgeschafften Weine in gar keiner Verbindung stünde, weil selbe ohnehin schon an ihrem Ankaufsorte versteuert worden wären, so würde dieses weder einer Schwierigkeit noch einem Anstande unterliegen.

§. 9. Da ferner durch die Milderung des Steuernachlasses per 1 Gulden 18 Kreuzer vom Eimer, so wie auch durch Abzug von sechs Maß per Eimer für Lager, Sool, Schwendung und Fülle der Druck beseitiget wäre, sollte der Eimer Wein-Most mit dem Weine in der Besteuerung gleich gehalten werden, weil dadurch Niemand Schaden leiden würde, und die Erhaltung der Ordnung in der neueingerichteten Besteuerung sehr leicht wäre.

Nur wäre es billig, wenn während des Mostverkaufes, das ist vom 15. October bis 15. November die oberwähnten sechs Maß per Eimer dem Käufer zu Gute gerechnet würden.

Ich habe bei dieser neuen Einrichtung angetragen, daß auch bei der ersten Aufnahme des Weinvorrathes die hohe Regierung den Abzug von jedem Eimer mit sechs Maß für Lager, Sool, Fülle und Schwendung eintreten lassen möge, so daß sich bei der neuen Besteuerung Niemand zu beklagen hätte.

§. 10. Während der Lesezeit, welche auch in Ausnahmsfällen am 1. October beginnen kann, ist der Mostverkauf wohl etwas schwerer zu überwachen. Da jedoch Einer den Andern überwacht, so läßt sich auch dieß, während dieser Zeit, nach meiner Ansicht auf folgende Weise regeln:

Erstens hätten die zwei dazu bestimmten Gemeindeglieder, so viel wie möglich die Mostabfuhr während dieser vier Wochen, allenfalls unter Intervention des Gemeindevorstandes mit Hilfe der Gemeindediener, der Nachtwächter und nächtlichen Feuerwache zu überwachen.

Im Falle sie während diesen vier Wochen wahrnehmen, daß irgendwo ein Most aufgeladen wird, so sollen sie selbes dem Gemeindevorstand anzeigen, widrigenfalls sie mit dafür bestimmten Strafen belegt würden.

Würde der Käufer und Verkäufer für eine solche Umgehung der Steuer verantwortlich gemacht werden, so würden sich beide hüten, eine unrichtige Angabe zu machen.

Nach der Aufnahme des Weines ist ohnedieß wieder alle Ueberwachung überflüssig, weil jeder Weinbesitzer sein Verzeichniß respective seinen Bogen hat, welcher ihm moralisch zur Ordnung und Pünktlichkeit verhält, indem er verpflichtet ist, für jede Unordnung zu haften.

§. 11. Wäre nach meiner Ansicht es förderlich, wenn jedes Monat von jeder Weinerzeugenden Gemeinde die Steuer von dem Gemeindevorstande an die k. k. Steuerkassa abgeführt würde.

Auf diese von mir angegebene Weise stellt sich heraus, daß im Durchschnitte alljährlich an 35 Millionen Eimer Wein versteuert werden würden, wovon sich von der Besteuerung per Eimer zu 50 Kreuzer die Gesammtsumme von 17 1/2 Millionen Gulden herausstellt.

Die Regiekosten für die erste Einführung rechne ich per Eimer zehn Kreuzer, was aber eben auch für die Zukunft, wenn die Sache einmal geregelt ist, nicht mehr in diesem Maße erforderlich sein wird.

Ich rechne zwei vom Staate ernannte Commissäre, welchen ein Bezirk von 100,000 Eimer zur Aufnahme und Controle zugewiesen wird, welche von jedem Eimer zwei Kreuzer zu beziehen hätten, wovon die Summe 2000 Gulden beträgt, daher auf jeden Commissär 1000 Gulden Gehalt kommen würden.

Die dazu bestimmten Gemeindebeamten, zur Regelung dieser Steuer dürfen in kleineren, weinerzeugenden Ortschaften zwei, und in größeren Ortschaften drei sein. Wenn diesen Männern per Eimer acht Kreuzer zuerkannt würde, so wäre dieß genügend.

Ich führe dießfalls Gumpoldskirchen an, welches zu den stärksten weinerzeugenden Ortschaften in Oesterreich gezählt werden kann. Ich nehme an, daß im Durchschnitte jährlich 20,000 Eimer Wein erzeugt werden, wovon die betreffenden Männer per Eimer acht Kreuzer erhalten würden. So resultirt die Summe von 1600 Gulden wovon jedem der zwei Männer, welche die pünktliche Controle zu überwachen verpflichtet sind, 400 Gulden und dem Protokollführer, welchem die Richtigstellung der betreffenden Bögen zugewiesen ist, und der auch zugleich die monatlich einlaufende Steuer abzuführen hätte, 800 Gulden zugewiesen werden könnten.

In anderen Verhältnissen z. B. in der nächsten Umgebung von Wien, oder wo immer sich große Vorrathskeller der Weinhändler befinden, wo es einzelne Keller mit 5, 10—20 tausend Eimer gibt, und sich solche in großer Zahl in der nächsten Nähe befinden, in solchen Fällen könnten die Einbringungskosten bedeutend geringer gestellt werden, weil auf diese Weise die Aufnahme und der Abgang von lagernden 500,000 Eimern eben so leicht zu effectuiren ist, als in einem ausgedehnten Bezirke mit 100,000 Eimern.

Um aber auf die ganz richtige und wahre Summe zu kommen, nehme ich per Eimer zehn Kreuzer Regiekosten an. Von den 35 Millionen Eimer steuerbaren Weines, entfiele an Regie die Summe von drei Millionen 500,000 Gulden. Die Steuer von 35 Millionen Eimer, per Eimer zu 50 Kreuzer angenommen, beträgt die Summe von 17½ Millionen Gulden, wodurch sich herausstellt, daß mit Abschlag der Regiekosten per 3½ Millionen dem Staate noch ein reines Einkommen von 14 Millionen Gulden, — statt den gegenwärtigen vier und respective nach Abzug der Regie zwei Millionen Gulden — verbliebe.

Daß in dem Gesammtvaterlande mehr, als die von der k. k. Landwirthschafts-Gesellschaft specificirte Summe von 44 Millionen Eimern erzeugt und auch mehr consumirt wird, dieß glaube ich damit begründen zu können:

Meines Wissens umfaßt die Gesammtmonarchie 36 Millionen Menschen, wovon 10 Millionen vermöge Entfernung und Geldmangel gar keinen Wein kennen, und daher auch keinen genießen.

Es verbleiben 26 Millionen.

Von diesen 26 Millionen dürften 10 Millionen (Kinder, Mädchen und Jünglinge) keinen Wein trinken.

Es bleiben noch 16 Millionen.

Von diesen 16 Millionen dürften weitere sechs Millionen erwachsene Menschen keinen Wein trinken.

Es verbleiben daher nur 10 Millionen Menschen, welche Wein trinken, ohne die zugereisten Fremden in unserem Vaterlande mitzurechnen.

Für diese 10 Millionen österreichischer Staatsbürger, rechne ich im Durchschnitte für jede Person nur das ganz gewiß mäßige Quantum von zwei Seitel täglich, das sind per Tag 125,000 Eimer oder per Jahr 45 Millionen 625,000 Eimern, womit deutlich dargestellt ist, daß diese Eimerzahl ganz gewiß in unserem Gesammtvaterlande wächst und auch consumirt wird, wodurch sich aber auch sogar zeigt, daß in unserem Vaterlande um eine Million 625,000 Eimer Wein mehr erzeugt wird, als die k. k. Landwirthschafts-Gesellschaft veranschlagt hat.

Da ich aber auf Grund meiner langjährigen practischen Erfahrungen dargestellt habe, das neun Millionen Eimer von der Erzeugnißsumme in Abschlag zu bringen sind, so stellt sich, wenn nur bloß von den 10 Millionen Menschen, jede Person anstatt per eine Halbe, nur 1½ Seitel verzehrt, die von mir angeführte Summe von 35 Millionen Eimern heraus, wodurch sich zeigt daß 890,000 hievon fehlen.

Es ist für Jedermann begreiflich, daß dem Staate 35 Millionen Eimer Wein zur Besteuerung zur Verfügung stehen, und daß somit, mit Abschlag der Regie, welche ich per Eimer mit 10 Kreuzer angenommen habe, dem Staate von jedem Eimer 40 Kreuzer Steuer bleiben, wodurch dem Staate die schon angeführte Summe von 14 Millionen Gulden zufließen.

Da nun sehr wohl angenommen werden kann, daß im Vaterlande von 35 Millionen Menschen doch ganz gewiß 10 Millionen durchschnittlich jede Person im Tage 1½ Seitel Wein trinkt, oder selben in ihrem Familienkreise, oder zu ihrer Wirthschaft benöthigen; würde an Weinsteuer per 17½ Millionen, auf jeden Staatsbürger die höchst geringe Summe von 1 Gulden 75 Kreuzer jährlich entfallen.

Wird diese Besteuerung nach meinen Erfahrungen geregelt, und 10 Jahre durchgeführt, so würde auch der Weinvorrath, welcher sich bei der Grundaufnahme vorgefunden hat, bereits gänzlich aufgezehrt sein, und sich genau das Durchschnittsertragniß von jeder Gemeinde herausstellen und dem Staate die vollkommene Ueberzeugung verschafft und Gelegenheit geboten werden, jeder Gemeinde die zehnjährige Durchschnittssumme mit den dazu bestimmten Einbringungsrechte zuzuweisen, wodurch sodann dem Staate wieder alljährlich durch Entbehrung der landesfürstlichen Commissäre über eine Million Gulden zufließen würde.

Ich erlaube mir noch zu bemerken, daß es gut wäre, wenn die Besteuerung per Eimer mit 50 Kreuzer im gesammten Vaterlande gleich gehalten würde, weil ich durch meine langjährigen Erfahrungen kennen gelernt habe, daß die gleichmäßige Besteuerung des Weines auf practische Weise, für den Staat, für den Erzeuger und für die Hebung des Weinbaues die vortheilhafteste ist, denn:

a) Ist dadurch die Regelung der Steuer, so wie auch die Einbringung derselben sehr erleichtert;

b) ist auch für den Erzeuger der Wein aus den Bergen und Steingebirgen auf viel mühsamere Weise zu beziehen, er fordert viel mehr Arbeitskräfte, und was die Erhaltung der Weingärten in Gebirgsgegenden anbelangt, so erfordern selbe bedeutend mehr Kostenauslagen und dennoch ist aus diesen Weingärten ein weit geringeres Quantum Wein zu beziehen, als auf dem Flachlande oder auf starken fetten Boden.

Auch ist dem Weingärtenbesitzer in Steingebirgen bedeutend mehr Grundsteuer auferlegt, was eben auch nicht auf practischem

Grunde beruht, und nur darauf beruhen kann, daß seiner Zeit keine gründliche Vorstellung gemacht wurde.

Es kann zwar die Einwendung gemacht werden, daß die Weingärten am flachen Lande öfter durch Fröste Nachtheil leiden, was sich aber mit dem Mehrertrag derselben, und mit dem Nachtheile, welchen die Gebirgsweingärten bei den nassen Jahrgängen leiden, wieder ausgleicht, daher allen Gebirgsbewohnern ein bedeutender Nachtheil zugefügt würde, wenn ihrem Weine eine höhere Verzehrungssteuer auferlegt werden sollte.

c) Es sind nach meinen Erfahrungen wichtige Gründe vorhanden, daß die Gleichheit der Weinbesteuerung für Hebung des Weinbaues durchgeführt werde, da jeder Weingärtner zur Thätigkeit aufgefordert wird, um seine Weingärten in den Stand zu bringen, daß er aus selben entsprechenden Nutzen zieht, wodurch unserem Vaterlande auf die schnellste Weise die Gelegenheit geboten wird, in größeren Maßen von edlen Weinen mit dem Auslande zu concurriren.

Unglaubliche Schätze von Wein würden in den Weingebirgen unseres Vaterlandes nicht länger mehr verborgen liegen bleiben.

Wenn es mir daher erlaubt ist, das bisher Gesagte zu resumiren, und ein gedrängtes Bild meiner Anschauungen zu liefern, so bemerke ich allerunterthänigst, daß in den obigen Punkten §. 1 bis 11, (Seite 17) mein Besteuerungsplan enthalten ist, der nur dahin ergänzt und erläutert wurde, daß zwischen Wein und Weinmost in der Besteuerung kein Unterschied gemacht, und daß ferner in der Besteuerung der Gebirgs- und Landweine kein Unterschied bestehen soll.

Welcher Gewinn meinem theuern Vaterlande zufließen würde, und wie der jetzige Druck beseitiget würde, das glaube ich hinreichend gezeigt zu haben.

„Alle müssen die Verzehrungssteuer des Weines tragen," das muß der oberste Grundsatz der Gesetzgebung sein.

„Nicht bei der Weinlese, sondern erst bei dem Verkaufe, das ist bei der Abfuhr muß die Steuer, und zwar vom Käufer entrichtet werden," das ist der zweite Grundsatz und zwar zum Schutze der Weinerzeuger.

Hiedurch unterscheidet sich mein Vorschlag von jenem, daß bei der Erzeugung (gleich der Bierbesteuerung) die Bemessung erfolge.

Würde die Steuer nach meinen Ideen bemessen, so würde dem Staate eine enorme Einnahmsquelle geöffnet, die Nothwendigkeit vieler Finanzwächter, die die Wirthshäuser belagern, vermieden werden, es würde Freiheit im Verkehre, Freiheit im Ausschanke sein, und der Weinbau von den lästigen Fesseln der Finanzwachmannschaft befreit, eine nie gekannte Größe in Oesterreich erreichen.

Schließlich sei mir noch zum Nachweise meiner Bemühungen erlaubt, mehreres aus meinem Privatleben anzuführen, was sich auf meine Thätigkeit des Weinbaues bezieht.

In den ämtlichen Ausstellungsberichten vom Jahre 1857 heißt es Seite 479:

„I. Herr Friedrich Faseth zu Gumpoldskirchen hat die „feinsten Oesterreicher-Weine ausgestellt und der Prüfungs-Com-„mission eine ausbruchartige Essenz vorgesetzt, die würdig erscheint, „der Tokaier-Essenz zur Seite gestellt zu werden. Herr Faseth hat „den sprechendsten Beweis geliefert, welcher außerordentlichen Ver-„vollkommnung der österreichische Weinbau fähig ist. Ihm ist es „gelungen aus verschiedenen edlen Rebensorten, Weine zu erzeugen, „die mit den besten Erzeugnissen in Europa in Concurrenz treten „können."

„Wichtig für den österreichischen Weinbau wäre es, wenn „Herr Faseth seine Erfahrungen zur öffentlichen Kenntniß „bringen würde."

Ich erhielt die goldene Medaille bei der großen Feierlichkeit im Augarten aus der Hand Seiner kaiserlichen Hoheit des Durchlauchtigsten Herrn Erzherzoges Franz Carl mit den Worten:

„Freut mich sehr, Faseth! fahren Sie so fort, Sie machen „Oesterreich große Ehre!"

Um den Weinbau in unserem Vaterlande zu seiner vollkommenen Entwicklung zu bringen, wurde ich auch in dem amtlichen Berichte aufgefordert, meine Erfahrungen im Bereiche des Weinbaues und der Veredlung der Weine zur öffentlichen Kenntniß zu bringen, und dieser Wunsch wurde auch öfter von Seite der k. k. Landwirthschafts-Gesellschaft, vielen Gutsbesitzern und Oekonomen, deren Beruf der Weinbau ist, an mich erneuert.

Ich bin bereit, meine auf mühevolle Weise, durch 40 Jahre gesammelten Erfahrungen zum Wohle meines Vaterlandes der Oeffentlichkeit bald zu übergeben.

Da mich aber mein Beruf zur Arbeitsamkeit und Thätigkeit ruft, um für mich und meine Familie zu sorgen, so konnte ich auch nur meine freien Stunden, zur Verfassung dieses Werkes verwenden, wozu ich auch schon seit dem erst ausgesprochenen Wunsche der k. k. Landwirthschafts-Gesellschaft vom Jahre 1857 alle meine freien Stunden opferte.

Ich würde mein Werk im letzten Winter vollendet haben, wenn ich nicht vorgezogen hätte, für meinen allergnädigsten Herrn und Kaiser, in Betreff der Verzehrungssteuer des Weines, nach meinen langjährigen practischen Erfahrungen jetzt einen Entwurf zu verfassen, wodurch unserem in finanzieller Hinsicht so sehr bedrängten Vaterlande eine so ergiebige und segensreiche Hilfsquelle zugeführt würde.

Ich habe auch die Hoffnung, daß mein Werk, welches ich für Weincultur, Veredlung der Weine, durch Anpflanzung edler Rebensorten, auf den ihr wohlthuenden Grundarten, durch Aufmerksamkeit und Behutsamkeit zur Lesezeit, durch Zusammenstellung der Trauben, und durch eine vernünftige, practische Kellerwirthschaft, zur öffentlichen Kenntniß bringen möchte, von mir noch beendet werden wird.

Es sind zwar schon viele Schriften in Betreff der Hebung der Weincultur und Veredlung der Weine in die Oeffentlichkeit gekommen — allein wenige hatten einen Erfolg; denn sie enthielten nur schöne, oft gut gemeinte Redensarten, aus welchen sich nur wenig, und zum größten Theile gar keine practischen Erfahrungen und Belehrungen entnehmen ließen; folglich bei dem Leser selten Glauben und Vertrauen fanden. Wer über Weinbau praktische Anleitungen der Oeffentlichkeit übergeben will, muß langjährige practische Erfahrungen, muß selbst Hand ans Werk gelegt haben.

Denn bei dem Weinbau lassen sich nicht viele Versuche auf das Gerathewohl machen, weil durch Versuche häufig die Zeit vergeudet und mit selben viele Kostenauslagen verbunden sind.

Wenn ein Weingartenbesitzer mehrmals erfolglose Versuche macht, so findet er seine Bestimmung darin: Unter Mühen und Plagen alt zu werden, und arm zu bleiben.

Das sind die Ursachen, warum sich der Weinbau so schwerfällig hebt.

Die k. k. Landwirthschafts-Gesellschaft hat den Durchschnittsertrag eines Joches Weinland mit 38 Eimer veranschlagt, wodurch sich eben auch der Durchschnittspreis per Eimer nur mit $4\frac{1}{4}$ Gulden herausstellt.

Da ich aber durch meine langjährigen Erfahrungen kennen gelernt habe, daß durch Aufmerksamkeit und Thätigkeit der Durchschnittsertrag eines Joches Weingarten auf 50 Eimer zu bringen ist, so wie auch der Durchschnittspreis per Eimer anstatt $4\frac{1}{4}$ Gulden, durch die Verpflanzung edler Rebensorten auf den hiezu geeigneten Grundarten, durch Behutsamkeit zur Lesezeit, practischer Behandlung und Betreuung der Weine im Keller auf sechs Gulden zu erhöhen ist; so kann hierdurch unserem Gesammtvaterlande ohne mehr Flächenmaß Weinland zu benöthigen, durch vernünftige Behandlung eine Summe von zehn Millionen Eimer Mehrerträgniß zugeführt werden; so wie auch durch die angeführten Gründe der Preis per Eimer mit sechs Gulden durch höhere Güte erreicht werden kann.

Da Gott unser Gesammtvaterland in so vielen Zweigen mit seinem Segen so reichlich bedacht hat, so wird es auch noch viele Männer geben, welche in ihrem Fache Nützliches zum Wohle des

Staates durch ihre Erfahrungen beitragen können, und wenn Jedermann in seinem Fache und Berufe für seinen allergnädigsten Herrn und Kaiser, und für den Staat nach seinen Kräften wirkt, so wird und muß unser Vaterland in kürzester Zeit wieder in jeder Hinsicht in vollkommener Kraft, Macht und Blüthe dastehen, wenn der von Eurer Majestät so weise gewählte Wahlspruch:

„Mit vereinten Kräften"

zu wirken, von Jedermann zum Zielpunkt genommen wird.

Gott, der Allmächtige möge alle Völker des österreichischen Kaiserstaates mit diesem ernstlichen Willen beseelen, und unseren allergnädigsten Herrn und Kaiser, so wie auch unser theures Gesammtvaterland, mit seiner mächtigen und kräftigen Hand segnen und beschützen!

Unter diesen meinen Herzenswünschen stelle ich die ergebenste Bitte:

Eure kais. könig. apostolische Majestät geruhen mir zu gestatten, meinen oben §. 1 bis 11 erörterten Entwurf einer Weinbesteuerung allerunterthänigst vorlegen zu dürfen.

Eurer kaiserlichen königlichen apostolischen Majestät

Gumpoldskirchen, 24. April 1862.

allerunterthänigst gehorsamster Unterthan

Friedrich Jaseth.

Anhang.

Ursache des Darniederliegens unseres Weinbaues und Weinhandels.

Im Interesse der ganzen weinconsumirenden und weinbautreibenden Bevölkerung Oesterreichs erlaube ich mir hiemit meine Ansichten und Erfahrungen über das Darniederliegen des Weinbaues und Weinhandels, welche ich als Delegirter des Bezirksvereines Mödling bei der hohen k. k. Statthalterei am 29. October 1868 vorbrachte, bekannt zu geben. Mein Vortrag lautete:

Der Zweck der an uns ergangenen Aufforderung ist, der hohen k. k. Regierung über den Grund des Darniederliegens des Weinbaues und des österreichischen Weinhandels gründliche Aufschlüsse zu geben, die ich, gestützt auf die Erfahrungen meiner Familie, welche durch 108 Jahre in Gumpoldskirchen den Weinbau betreibt, und schon viele Hindernisse in diesem Fache zu bekämpfen hatte, auf folgende Art gebe.

Da der Weinbau immer mehr und mehr betrieben wurde, wodurch dem Staate ein immer größeres Einkommen zufloß, so wendete die k. k. Landwirthschafts-Gesellschaft, welche seit 1807 besteht, in den dreißiger Jahren ihre ganze Aufmerksamkeit demselben zu; aber noch immer ging es langsam Vorwärts, bis es uns im Jahre 1848 möglich gemacht wurde, mit unseren Gründen frei walten zu können, und schon konnten wir der hohen k. k. Regierung und der k. k. Landwirthschafts-Gesellschaft im Jahre 1855 bei Gelegenheit der Ausstellung zu Paris die Ueberzeugung verschaffen, daß unsere Weine auch zum Welthandel geeignet sind! und auch von Jahr zu Jahr mehr gesucht wurden.

In den letztern Jahren ging es mit dem Weinbau und Weinhandel merklich zurück, und es wurden von dem hohen k. k. Ackerbau-Ministerium folgende Fragen, denen ich meine Antworten folgen lasse, bei der angeordneten Enquete in Weinbau-Angelegenheiten aufgestellt.

1. Erstreckt sich das Darniederliegen des niederösterreichischen Weinhandels über das ganze niederösterreichische Weinland oder ist dasselbe nur auf einzelne Bezirke und Gegenden beschränkt.

Antwort: Das Darniederliegen des Weinhandels erstreckt sich auf alle uns angehörigen Provinzen, wo Wein gebaut wird.

2. Worin liegen die Ursachen, daß der niederösterreichische Weinhandel in den letzten Jahren so bedeutend abgenommen hat?

Antwort: Dies dürfte nach meiner Ansicht, durch den Weinpansch, welchen sie Kunstweine zu nennen pflegen, hervorgerufen worden sein.

Denn seit Herr von Babo, als Direktor der Klosterneuburger Weinbauschule im Landhause zu Wien, dreizehn öffentliche Vorlesungen über chemische Weinbereitung hielt, und es auch seinen Schülern lehrte, wird diese Weinpantscherei betrieben; und seit dieser Zeit ist ein geringerer Absatz für Naturweine eingetreten.

Es mag zwei Jahre sein, daß eine sehr große Partie Wein nach Preußen abgesandt wurde. An der Grenze wurde der Wein verkostet und geprüft, wurde als unecht und Pansch anerkannt, und in Folge dessen zurückgewiesen! — was in den Blättern öffentlich bekannt gegeben wurde.

Dies dürfte wohl zum Beweise dienen, welchen Werth das Ausland auf solches Panschwerk legt, und welches Mißtrauen durch selbes dem jugendlichen Aufblühen unseres Exportes in das Ausland bereitet wird.

3. Wäre es nicht angezeigt, von der Fortsetzung der Weincultur in allen minder günstigen Lagen und Gegenden, besonders aber dort abzumahnen, wo der Bau anderer Früchte möglich und auch im Ertrag sicherer ist als der Weinbau?

Antwort: Diese Frage beantworten die Zeitverhältnisse am richtigsten! die Lasten und Beschwerden, lernen dem Landmanne genau kennen, mit was er seinen Boden zu bepflanzen oder zu bebauen hat, um für seinen Bedarf Sorge zu tragen.

Daher nach meiner Ansicht, eine Abmahnung unnütz sein dürfte.

4. **Auf welche Weise kann eine bessere Cultur der Rebe und eine rationellere Weinbehandlung allenthalben befördert werden? Soll in dieser Beziehung die Errichtung von Bezirksrebschulen und die Anstellung tüchtiger Kellermeister von Seite großer Weinbau Gemeinden angestrebt werden?**

Antwort: Um dies zu erwirken muß der ganzen weinbautreibenden Bevölkerung, eine auf langjährige, practische Erfahrungen und Ueberzeugung beruhende gründliche Anleitung gegeben werden, welche in Folgendem zu bestehen hat:

a. Muß angegeben werden, welcher Fleiß, Aufmerksamkeit und Sorgfalt bei der Anlage eines Weingartens beobachtet werden muß, um selben in Quantität und Qualität schnell zum Ertrag zu bringen, so auch wie dadurch dem Weingarten, ein anhaltend dauernder Bestand zu erwirken ist.

b. Muß angegeben werden, welche Rebensorten den verschiedenen Lagen und Grundarten am zuträglichsten sind.

c. Muß eine gründliche Anleitung über die vortheilhafteste Bearbeitung und Betreuung der Weingärten gegeben werden ꝛc. ꝛc.

Es sind zwar schon viele Bücher zu solchen Anleitungen geschrieben worden, es fehlten aber immer die practischen Erfahrungen; daher auch nie zum Fortschritte etwas geleistet wurde. Wenn man zum Fortschritte des Weinbaues und Beobachtung zur Lesezeit, so wie für eine practische Kellerwirthschaft gründliche und erfolgreiche Anleitungen mittheilen will, muß man sich vor Allem durch eine Reihe von Jahren, durch vieles Erproben und Versuchen, Erfahrungen und practische Kenntnisse gesammelt haben. Ein solches Buch würde dann zum Fortschritte wesentlich beitragen!

5. **Ist die dermalige Verzehrungssteuer für Wein im Verhältnisse zu dem Werthe des Productes und im Vergleiche zu der auf anderen Artikeln lastenden Verzehrungssteuer zu hoch, und in welcher Weise könnte die Einhebung dieser Steuer mit Beseitigung der in der Petition der niederösterreichischen Weinbauern hervorgehobenen Uebelstände bewerkstelligt werden?**

Antwort: Daß die Verzehrungssteuer für Wein im höchsten Uebermaße gefordert wird, dürfte die Thatsache darthun, daß auf den Durchschnittspreis des Productes mit 5 Gulden per Eimer eine Verzehrungssteuerlast von 2 Gulden 53 Kreuzer liegt.

Dann ist noch die enorme Grundsteuer und die Besteuerung der Abfälle, nämlich Trester und Weinlager zu berücksichtigen; dieses zusammengeschlagen, dürften sich im Ganzen zwei Drittel Steuer, dem Werthe des Productes gegenüber stehen! daher der Wein unter allen Producten des gesammten Vaterlandes mit der Steuer am höchsten belastet ist, und mit allen übrigen Artikeln nicht in dem geringsten Verhältnisse steht.

Ich werde zur Beseitigung aller Uebelstände dem hohen k. k. Finanzministerium einen Entwurf vorlegen, nach welchem die Verzehrungssteuer für Wein um zwei Drittel reducirt werden kann, und dennoch dem Staate ein sechsmal erhöhtes Mehreinkommen zufließt.

6. **Läßt sich von einer Herabsetzung der Grundsteuer für Weingärten ein größerer Aufschwung des niederösterreichischen Weinhandels erwarten?**

Antwort: Die Herabsetzung der Grundsteuer für Weingärten hat nicht die geringste Einwirkung zur Hebung des Weinhandels; aber höchst nothwendig wäre, daß eine Regelung der Grundsteuer in unserem gesammten Vaterlande vorgenommen würde.

Vor dem Jahre 1848 bestand der ungarische Grenzschranke, Wien war die Haupt- und Residenzstadt für das gesammte Reich, und wir Niederösterreicher waren die Nächsten der Hauptstadt, daher wir mit unseren Producten einen vortheilhafteren Absatz hatten, als alle unsere Nebenländer. Von diesem Grundsatze ausgehend hat uns aber auch die hohe k. k. Regierung in jeder Hinsicht höher besteuert, als alle übrigen Provinzen des Reiches.

Nun hat sich aber durch zwanzig Jahre die Zeit geändert, durch Dampfschiffe und den nach allen Richtungen verzweigten Eisenbahnnetzen sind unsere Nebenländer bereits so nahe als wir. Ungarn hatte seine Rechte geltend gemacht ohne den Grenzschranken zu errichten, und so haben wir ein getheiltes Reich ohne Grenze.

Wir Niederösterreicher zahlen aber dennoch um die Hälfte mehr Steuer als unsere Nebenländer, obwohl wir jetzt mit unserem Productenabsatze keinen Vortheil mehr haben, und von unseren Nebenländern, durch ihren so sehr erleichterten Productenabsatze, so wie auch im Verhältniß ihrer geringen Besteuerung und dennoch fruchtbareren Boden erdrückt werden! — was sich bei dem niederösterreichischen Weinbau im höchsten Grade fühlbar macht

7. **Durch welche Mittel kann der Export der niederösterreichischen Weine befördert werden?**

Antwort: Der niederösterreichische Weinexport kann nur befördert werden, wenn die chemische Weinpantscherei gänzlich eingestellt, die Einfuhr der Ungarweine derart geregelt wird, daß der Druck auf dem niederösterreichischen Weinbau, so wie auch für das Einkommen des Staates nicht so schwer einwirkt; auch soll der Ausfuhrzoll für Wein vermindert werden.

Folgen der chemischen Weinbereitung.

Ich erlaube mir noch Einiges in Betreff der chemischen Weinbereitung zu bemerken.

Es ist unstreitig, daß in England, wo kein Wein wächst, Weine auf chemische Weise bereitet werden; dieß geschieht aber auch in Frankreich und den Rheinlanden, aber nur deßhalb, weil die Länder mit ihren Naturweinen reichlichen Absatz nach allen Richtungen der Welt haben, und daher mit ihrem Eigenbau im eigenen Lande nicht ausreichen.

Dies ist aber in Oesterreich noch nicht der Fall, weil wir im ganzen Reiche 45 Millionen Eimer zu einem Durchschnittspreis von 5 Gulden per Eimer erzeugen! — Ist es daher nothwendig durch eine solche Weinpantscherei die Cultur zu untergraben — das Staatseinkommen zu schmälern — und dem im schönsten Aufblühen begriffenen, hoffnungsvollsten Welthandel durch einen solchen Mißtrauen und Abscheu erweckenden Schwindel gänzlich zu vernichten? — „gewiß nicht!"

Genügt die öffentliche Bekanntgebung (in der alten Presse vom 30. April 1868), eines, in einer Wiener Weinfabrik vorgefundenen, von Herrn Professor Kletzinski, k. k. Landesgerichts-Chemiker, analisirten Kunstweines nicht, um die Schädlichkeit für die Menschen darzuthun? Ich führe die angezogene Notiz hier wörtlich auf:

Eine Weinfabrik. In einem der nordwestlichen Bezirke Wiens wurde eine Fabrik entdeckt, in welcher man künstlichen Wein erzeugt. Das Stadtphisikat hat Proben von diesem künstlichen Weine an den k. k. Landesgerichts-Chemiker, Professor Kletzinsky zur Analyse gesendet, und dieser hat aus dem Product $2\frac{1}{3}$ pCt. Alkohol, 2 pCt. Extrat und $95\frac{2}{3}$ pCt. Wasser, außerdem Kohlen-, und Spuren von Schwefelwasserstoff gefunden. Die mikroskopische Untersuchung zeigte eine ungeheure Menge von Pilzen in der Hefe des sogenannten Weines. Die Verwendung dieses „Weines" zur Consumtion wurde als unzulässig, für die Gesundheit gefährlich und dieser „Wein" zur Vertilgung als geeignet empfohlen.*)

Ferner verdient wohl das in der alten Presse vom 14. Mai 1868, von einem practischen Arzte zu Kottingbrunn enthaltene „Eingesendet," eine Berücksichtigung, wo es heißt:

Herr Redacteur! Die im „Local-Anzeiger" vom 30. April gebrachte Notiz von der Entdeckung einer künstlichen, Wein producirenden Fabrik und die dagegen eingeleiteten Maß-

---

*) Die Correspondenz „Gall," welche diese Mittheilung brachte, nennt die bezügliche Fabrik nicht. Ueberhaupt werden hier zu Lande die Namen der Fälscher von Victualien und Getränken in den seltensten Fällen zur Oeffentlichkeit gebracht. Die pariser amtliche Gerichtszeitung veröffentlicht mehrmals im Monate vollinhaltlich Namen und Adresse solcher gewissenloser Geschäftsleute.

regeln haben unter der weinbauenden Bevölkerung unserer Gegend eine wahre Freude erregt, da dieselbe die gegenwärtige Entwerthung ihres Naturweines nur der massenhaften Verbreitung dieses gesundheitsschädlichen Weinpantsches zuschreiben.

Bei der billigen Erzeugungsart des Letzteren können unsere Naturweine nicht concurriren, und der mangelhafte Abgang vermehrt die drückende Noth unserer Landleute. Auf dem Lande trinkt man fast ausschließlich statt alten Wein dieses „Gesäufe," mit 15 Kreuzer das Seitel, und tritt häufig genug nach dem Genuße Erbrechen, Kolik, Kopfschmerzen ꝛc. ꝛc. ein, ohne daß sich der Consument dies zu erklären vermag.

Abhilfe ist hier dringend nothwendig und könnte am ehesten durch unvermuthete Weinvisitationen in den Stadt- und Landschänken und Veröffentlichung der Betretenen herbeigeführt werden; die meisten Erwartungen setzen wir in die Presse, und wenn dieselbe in dieser Frage die Initiative ergreift, so wird der Erfolg nicht lange auf sich warten lassen. Namentlich sollten auch die landwirthschaftlichen Vereine diese Frage in die Hand nehmen.

Genehmigen Sie die Versicherung größter Hochachtung des ergebensten

Kottingbrunn, 10. Mai 1868.

J., practischer Arzt.

Nun will ich noch eine traurige, aber wahrheitsgetreue Thatsache erwähnen.

Im Jahre 1866 wurden in Gumpoldskirchen 1600 Mann Sachsen bequartirt. Diese bezogen alle von einem Badner Gastwirth als Lieferanten, Wein. Bei der ersten Lieferung entstand schon Ekel, Unwohlsein, Kopf- und Bauchschmerzen unter der Mannschaft! — bei der zweiten Lieferung wurde aber schon Erbrechen und eine schreckliche Diarrhöe unter der Mannschaft hervorgerufen, in Folge dessen zwei Mann in das Spital abgeführt wurden, welche den Genuß dieses schrecklichen Pantsches mit ihrem Leben bezahlen mußten. — Die Schuld mußte die Cholera tragen. — Da aber alle Andern, die von diesem Weine genossen haben, dieselben Krankheitsanfälle aber nur in geringerem Grade zu erleiden hatten, so stellte sich genau heraus, daß nur der Genuß dieses Weinpantsches daran Schuld war.

Die Mannschaft machte ihrem Vorgesetzten die Meldung, und bat, daß sie anstatt den Wein in natura, den ausgeworfenen Geldbetrag erhalte, sie wolle lieber aus Eigenem die fehlenden zwei Kreuzer darauf geben, um ein gutes und echtes Glas Gumpoldskirchner Wein trinken zu können. Die Bitte wurde ihnen gewährt und die dritte Lieferung zurückgewiesen. Schon in den nächsten Tagen war die Mannschaft fröhlich und heiter, Diarrhöe, Kopf- und Bauchschmerzen waren verschwunden, und der Sündenbock — die Cholera hatte nur mit zwei Menschenopfer ihr gänzliches Ende erreicht! — Und es stellte sich heraus, wie der Lieferant selbst mittheilte, daß er bei Herrn Schrottenbach in Baden, welcher sich eben mit der fortschrittlichen Wissenschaft „Weinpantsch" zu erzeugen befaßt, gekauft hat!

Das sind drei sehr schöne Zeugnisse über den Fortschritt der chemischen Wissenschaft in Betreff der Kunstweine!

Da mir aber von dem weit ausgedehnten Bezirksvereine Mödling das Vertrauen geschenkt wurde, nach meinen Kräften dem überhandnehmenden Unfug zu steuern, so halte ich es als rechtlicher Staatsbürger für meine Pflicht, im Interesse der Regierung, der bedrängten weinbautreibenden Bevölkerung in Betreff unserer aufblühenden Weincultur, unseres hoffnungsvollen Exportes und zur Förderung der menschlichen Gesundheit zu beantragen, daß die fernere Erzeugung von chemischen Wein verboten werde.

Als die Petitionen um Abhilfe in Betreff der chemischen Weinfabrikation, welche den Druck des österreichischen Weinbaues und Weinhandels verursachte im Abgeordnetenhause einer Berathung unterzogen wurden, so erklärten sich am 9. September d. J. die Herren Abgeordneten Dr. Willner: „Es sei durchaus nicht nothwendig, die sanitäre Seite der Sache zu untersuchen (?)." Und der Abgeordnete Dittmar meinte: „Daß jene

Bestandtheile, welche hiezu in Verwendung kommen, schon besteuert seien (?)."

Ich bezweifle letzteres nicht, muß aber fragen: "wenn man von 95 Eimer Wasser 100 Eimer Wein künstlich erzeugen kann, wie viel auf einen Eimer Steuer entfällt, — und wenn selbe inner den Linien großer Städte fabricirt werden, auf welche Art die Verzehrungssteuer entrichtet wird? wo hingegen von unseren Naturweinen bei den Linien per Eimer 3 Gulden 32 Kreuzer gefordert wird.

Die Ansichten des Herrn Dr. Willner theile ich nicht, — denn so weit dürfte sich unsere jugendliche Freiheit doch nicht erstrecken, daß Jedermann nach Willkür und Belieben handeln kann, und selbst die menschliche Gesundheit nicht zu berücksichtigen braucht!

Da ich schon achtmal den Prüfungs= und Beurtheilungs-Commissionen beigezogen wurde, so glaube ich, daß ich hinreichende Erfahrungen gesammelt habe, welcher Werth von Jenem, die die Eigenschaften des Naturweines kennen, auf künstlichbereitete Weine gelegt wird.

Bereits hat Herr Schlumberger darauf hingewiesen, daß vom Auslande so viele verschiedene Weine bezogen, und hier um theures Geld getrunken werden, obgleich sie keine natur=, sondern gemachte Weine sind, und es ist Thatsache, daß sich noch kein Kunstwein bei den vielen Ausstellungen im In= und Auslande eine Auszeichnung erworben hat, was auch die amtlichen Ausstellungsberichte nachweisen!

Der beste Beweis dürfte aber sein, daß von allen Kunstwein producirenden Fabrikanten sich keiner vorfindet, der sein eigenes Erzeugniß genießen würde.

Ich hatte schon vor einigen Jahren zwei Chemiker als tägliche Gäste, welche auch ihren Hausbedarf von meinen Eigenbauweinen bezogen haben; Beide befaßten sich auch zum Theil mit der chemischen Bereitung der Kunstweine. Sie stellten mir von dieser Wissenschaft goldene Berge vor und sagten: "Es lassen sich durch chemische Wissenschaft sehr gute, ausgezeichnete und geschmackvolle Weine herstellen, welche im Preise um drei Viertel billiger zu stehen kommen, als wir Ihre Weine bezahlen müssen." — Sie brachten mir Proben, und fragten mich um mein Urtheil; ich theilte ihnen mit, diese Weine werden von Vielen, welche die Eigenschaften des Naturweines nicht kennen, vielleicht sogar gut geheißen; wer aber die edlen Eigenschaften des Naturweines kennt, wird Ihnen sagen: Wissen Sie nicht, daß der Wein ein feiner, ein lebender Körper ist, welcher sehr zarte, edle Eigenschaften besitzt, und in Folge dessen sehr empfindlich und empfänglich ist? Warum ist Ihr Fabrikat todt! Warum geben Sie demselben nicht das Leben, damit es sich aussprechen kann, daß es ein Wein ist? worin eigentlich der Werth des Naturweines liegt und ohne welchen er nur immer mit einem „Kadaver" zu vergleichen ist!

Auf die Frage, warum sie immer meinen Naturwein, und nicht ihren Kunstwein genießen, da sie doch wissen, aus welchen Bestandtheilen selber zusammengesetzt ist und dann noch bei jedem Seitel, welches sie bei mir mit 16 Kreuzer bezahlen, 12 Kreuzer ersparen, bekam ich zur Antwort: „Ja wir mögen ihn nicht!"

Ich sagte: „Meine Herren, ich weiß recht gut, daß die „Chemie schon in so vielen Zweigen der Industrie fast Un- „glaubliches geleistet, und unendliche Fortschritte gemacht hat, die „Jedermann würdigen, achten und schätzen muß, aber lassen „Sie sich mit Ihrer Wissenschaft nie in Natursachen ein, welche „der große Meister aller Chemiker mit Leben bedacht hat, solche „Gegenstände können wohl immer aber nur auf natürlichem Wege „vervollkommt werden; Sie aber mit Ihrer Wissenschaft werden an „einem lebenden Gegenstand nie etwas besser, sondern nur immer „schlechter machen!"

Ich stellte ihnen folgendes Gleichniß: Sie sollen von dem größten Meister einen künstlichen Rosenstrauch kaufen, selben durch ihre Wissenschaft die ganz ähnlichen Düfte einer natürlichen Rose beibringen, sodann diesen Strauch unter eine ganz dicht besetzte Rosenrabatte setzen und Tage lang beobachten; — es wird vor= kommen, daß Tausende von Bienen die Rabatte umschwärmen, alle Rosen betasten, um sich zu erquicken und daraus Honig zu sammeln; aber den künstlichen Strauch mit seinen Rosen wird keine berühren! — So verschwindet die wissenschaftliche Kunst bei natürlichen und lebenden Gegenständen!

Herr Stift sprach sich aus: ich muß offen gestehen, daß an uns Weinhändlern noch ein großer Fehler ist, um uns den Export in das Ausland zu verschaffen! und es ist auch unter den Weinbauern der große Fehler, daß sie nichts thun und verbessern, um uns exportfähige Weine zu verschaffen, daher will ich die Sache „wissenschaftlich" betrieben wissen!

Nun in Gottesnamen, es möge die chemische Weinbereitung nach ihrer Anschauung als Fortschritt des Zeitgeistes von der hohen Regierung erlaubt werden, so erlaube ich mir dennoch als rechtlich denkender Staatsbürger meine Ansicht darüber mitzutheilen, daß es nur unter der Bedingung bewilligt werden möge, daß es wie im Auslande eingerichtet werden soll; **jeder soll seinen Erzeugungsort mit der Firma angeben**. Die Art wie er seinen Wein fabricirt bezeichnen, selber soll, wie bei jedem anderen Geschäftsmann besteuert und überwacht werden, damit nichts Schädliches beigebracht wird.

Allen Jenen, welche solchen Wein kaufen und selben ausschenken, möge aufgetragen werden, daß sie nebst ihren Ankündigungen von Naturweinen, auch in ihren Weintarifen anzeigen, daß auch auf Verlangen chemisch bereitete Weine verabfolgt werden. Jeder Dawiderhandelnde möge so wie jeder andere Geschäftsmann bestraft werden.

Diese Anforderung dürfte wohl von Jedermann gebilligt werden, da auch die Pferdefleisch-Ausschrotter ihre Firma führen müssen, und auch der Milchhandel und Milchverschleiß wegen Fälschung und Nachtheil der menschlichen Gesundheit strenge überwacht wird.

* *
*

Im Jahre 1857, wurde ich als erster Weinproducent des gesammten österreichischen Kaiserstaates anerkannt, und in Folge dessen von Seite der hohen Regierung und der k. k. Landwirthschafts-Gesellschaft der Wunsch ausgesprochen, daß es für den österreichischen Weinbau wichtig wäre, wenn ich meine Erfahrungen im Weinbau und Veredlung der Weine zur öffentlichen Kenntniß bringen möchte. Bei der Enquete in Weinbauangelegenheiten wurde am 29. Oktober 1868 eben auch der Wunsch ausgesprochen, das Ackerbauministerium möge einen Preis für ein populäres Handbuch über Weinbau und Veredlung der Weine ausschreiben. Ich habe seit dem Jahre 1857 alle meine freien Stunden verwendet, um ein solches Buch zu verfassen und liegt dasselbe nun zum Drucke bereit.

Dieses Werk, welches blos aus naturgetreuen Mittheilungen besteht, welche durch 108 Jahre gemacht wurden, da wir in einer und derselben Familie seit 1760 mit Eifer und Fleiß für die Hebung des österreichischen Weinbaues wirken, und mein Großvater den Bestand des Weinbaues von 1760—1794, mein Vater von 1794—1825, und ich von da bis heute notirte, so dürfte ich in der Lage sein, den Bestand genau und gründlich von diesem Zeitraume anzuführen, und es ist gewiß merkwürdig und Beachtungswerth zu erfahren, in welchem erbärmlichen Zustande sich der österreichische Weinbau befunden hat, welch schreckliche Hindernisse demselben im Wege standen, in was selbe bestanden, wer den Grund gelegt hat, die gröbsten Fesseln zu beseitigen, und daß es demselben doch ermöglicht wurde, aus seinem Nichts das Tageslicht zu erblicken, um nach und nach zu einer Entwicklung zu gelangen. Es brauchte bis die letzten Fesseln fielen, **eine Zeit von 88 Jahren!!**

Um den Weinbau wissenschaftlich zu betreiben, daß man in Quantität und Qualität entsprechenden Nutzen ziehen kann, dazu gehört immerhin eine langjährige practische Erfahrung. Der Weingärtner muß wissen, wie und auf welche Weise er seinen Weingarten anlegen muß, daß derselbe einen langjährigen Bestand erwirkt und auch aus selben so schnell wie möglich sowohl in der Quantität als Qualität einen entsprechenden Nutzen ziehen kann!!

Um dies zu erwirken muß der Weingärtner die Eigenschaften von so vielerlei Rebensorten kennen zu lernen sich bemühen. Er muß auch die Eigenschaften der verschiedenen Stöcke, Trauben und

Grundarten kennen; nur dann, wenn er sich diese natürlichen Wissenschaften angeeignet hat, ist er auch in der Lage, die Rebe auf die ihr geeigneten, zugethanen und wohlthuenden Grundarten zu verpflanzen. — Besitzt ein Weingärtner diese unumgänglich nothwendigen Kenntnisse nicht, so arbeitet er in finsterer Nacht auf das Gerathewohl, wird sich seine ganze Lebenszeit sehr mühevoll plagen, und dennoch unlohnenden Erfolg haben. Hingegen ist es nach meinem Buche möglich, von einem Joch Weingarten um 25 Eimer mehr, und auch eine werthvollere Qualität zu gewinnen, und dennoch müssen die Steuerlast, Mühe, Plage und Kostenauslagen sich gleich bleiben.

Mein Buch fängt von der Anlage eines Weingarten an, geht Stufe für Stufe weiter — was bei jeder Arbeit zu thun und zu beobachten ist. Weil man bei jeder Arbeit für die kräftige und tragfähige Erhaltung des Grundes viel beitragen, und auch bei so mancher Arbeit für Quantität und Qualität fast unglaubliches leisten kann!

Um edle und fast unglaublich gute Weinqualitäten zu erzeugen, sind unumgänglich Kenntnisse der Eigenschaften der verschiedenen Traubengattungen nothwendig; um zu beurtheilen, was zur Lesezeit zu thun und zu beobachten ist, welche Trauben bei dem Sortiren zu beseitigen, welche, um verschiedene edle Gattungen von einem Jahrgang zu schaffen, abgesondert, allein, und welche zusammenzustellen sind, ferner was bei dem Pressen der Weintrauben zu beobachten ist, hiezu gehört eine langjährige Erfahrung und Beobachtung.

Dann kommt noch das Wichtigste, das ist: eine auf naturgetreue, langjährige, practische Erfahrungen beruhende **rationelle Kellerwirthschaft**. Durch Unkenntniß werden oft und sogar häufig dem Weine Fehler beigebracht und zugeführt, wodurch der Besitzer großen Nachtheil und Schaden erleidet, ohne daß er sich die Ursache erklärlich machen kann!

Ich habe in meinem Buche, welches ich in Fragen und Antworten eingetheilt habe, jeden Gegenstand so klar und deutlich dargestellt und auseinandergesetzt, daß Jedermann daraus ersieht und leicht begreift, wann dies oder jenes gemacht oder behandelt wird, der von mir angegebene Nutzen und Vortheil erfolgen muß — im entgegengesetzten Fall, wenn meine Rathschläge nicht beachtet oder unterlassen werden, auch der von mir angegebene Nachtheil und Schaden unvermeidlich entstehen muß.

Mein Buch dürfte daher für Gastwirthe und Weinhändler, welche sich mit Naturweinen befassen, von großem Nutzen und Vortheil sein. Auch für Private, welche sich Wein einlegen, so wie jene Consumenten, welche ihren Wein im Kleinen beziehen, und zum größten Theil in Weinschänken genießen, dürfte es von großem Vortheil sein, weil sie ihre Weine auf practische Weise zu behandeln wissen, und die Eigenschaften des Naturweines kennen lernen, und nicht mehr mit gefälschten Weinen getäuscht und betrogen werden können!

Dieß ist der Zweck, warum ich nun mein Buch der Oeffentlichkeit übergebe, um dem Wunsche der hohen Regierung und der kaiserl. königl. Landwirthschaft nachzukommen. Möchten recht viele Weingärtner sich dasselbe verschaffen, da meine langjährigen Erfahrungen gerade für sie von größter Wichtigkeit sind, weil sich nach meinen Mittheilungen mehr und bessere Weine schaffen lassen und auch durch meine Anleitung über Kellerwirthschaft sich der Wein von der Wiege, daß heißt von seiner Kindheit, durch drei Jahre zu einem gesunden, kräftigen und in jeder Hinsicht fein ausgebildeten Mann heranziehen läßt; womit man mit der sicheren Hoffnung in die Welt hinaustreten kann, daß er unseren Weingebirgen einen Ruf und Namen schafft, sich selbst Achtung und Beliebheit bereitet, und wir, wenn wir mit Eifer kräftig zusammen wirken, in kürzester Zeit solche Weine im ausreichendem Maße besitzen werden, daß unser Export schnell eine unglaubliche Höhe erreichen wird.

Ich setze einen Preis von 500 Gulden, wenn mir nachgewiesen werden kann, daß die Mittheilungen, die ich in meinem „Lehrbuche über Weinbau und Kellerwirthschaft" machen werde, nicht ausführbar, und der von mir angegebene Nutzen und Gewinn nicht erreichbar ist, wenn nach meinen Anleitungen gehandelt wird. Auch kann mein Name, der mir mein Alles ist! — als Schwindler gebrandmarkt werden!

Mein Buch wird zwei Gulden ö. W. kosten und gebe ich selbes nur dann in Druck, wenn sich so viele Pränumeranten betheiligen, daß meine Kosten gedeckt, und damit für den Weinbau, Nutzen und Vortheil erwächst!

Pränumerationen nehme ich vom 1. Jänner 1869 mit dem Betrage von zwei Gulden nur Franko entgegen, und bitte selbe an mich: **Friedrich Faseth**, Wirthschaftsbesitzer Nr. 62 und 63 in Gumpoldskirchen, zu richten. Sollte sich bis 1. April 1869 nicht eine genügende Anzahl betheiligen, so unterlasse ich es, und sende allen Jenen, die sich betheiliget haben, den Betrag zurück. Betheiliget sich eine entsprechende Anzahl, so gebe ich es am 2. April 1869 in Druck, und werde bemüht sein, es gleich nach Erhalt, jedem meiner geehrten Besteller zuzustellen.

Auch mache ich dem P. T. Publikum bekannt, daß ich von meinen Eigenbauweinen, vom 1. März 1869 angefangen, Weine in Flaschen, in Gebünden von viertel, halben und ganzen Eimern, so wie auch im Großen verkaufe. Für die Echtheit wird garantirt.

Mein Keller steht Jedermann offen, um meine Weine vermöge ihrer naturgetreuen Reinheit und Echtheit zu jeder beliebigen Zeit zu prüfen.

Mache auch dem P. T. Publikum zu wissen, daß ich vom 1. Mai 1869 angefangen über Sommer von meinen Eigenbauweinen ausschänke, wo sich Jedermann von verschiedenen Gattungen die Ueberzeugung verschaffen kann, wie weit es auf naturgetreuem Wege, durch practisch gesammelte Erfahrungen mit dem Weinbau und der Veredlung der Weine zu bringen ist!

Friedrich Faseth.

Gumpoldskirchen am 2. Dezember 1868.

Beilage A.

Aus dem amtlichen Bericht der k. k. Landwirthschafts-Gesellschaft S. 489 zeigt sich, in welchem großartigen Maßstabe der Weinbau im österreichischen Kaiserstaate betrieben wird.

In Ungarn mit der Wojwodschaft und dem Temeser Banat wird der Weinbau auf 505.775 Jochen (davon 75.300 auf die zwei Nebenländer) betrieben, und es werden jährlich 25,288,750 Eimer im Werthe von 101,155.000 fl. erzeugt.

Den dargestellten Daten zufolge wird der Weinbau in der Monarchie betrieben und zwar:

	Benennung der Kronländer	Joche	jährliches Erträgniß Eimer	Werth der Erzeugnisse
1	In Ungarn mit den Nebenländern	505.775	25,288,750	101,155.000
2	" der Lombardie	134.400	2,688.000	10,752.000
3	" Dalmatien	119.000	1,785.000	7,140.000
4	" Nieder-Oesterreich	79.000	2,370.000	11,850.000
5	" Tirol und Vorarlberg	60.900	3,045.000	18,060.000
6	" Steiermark	60.000	1,200.000	6,000.000
7	" Croatien und Slavonien	58.000	4,060.000	20,000.000
8	" der Militärgrenze	48.300	1,449.000	4,347.000
9	" Siebenbürgen	47.000	1,410.000	5,640.000
10	" Mähren	41.600	624.000	3,220.000
11	" Küstenland	32.200	800.000	3,200.000
12	" Venedig	26.000	2,080.000	8,320.000
13	" Krain	16.700	324.000	1,296.000
14	" Böhmen	4.000	80.000	400.000
15	" Kärnten	100	1.500	6.000
	Summe	1,232.975	47,205,250	201,326.000

Man sieht aus der vorstehenden Zusammenstellung, daß der Weinbau in Oesterreich eine besondere national-ökonomische Wichtigkeit besitzt und daher sowohl von Seite der Regierung als der Weinproducenten eine besondere Aufmerksamkeit erheischt. Wird diese Aufmerksamkeit angewendet, dann kann der Ertrag in wenigen Jahren wenigstens auf 50 Millionen Eimer gesteigert, der Werth des Erzeugnisses auf 250 Millionen Gulden erhöht werden.

Beilage B.

Laut Ausweis der Tafeln

zur Statistik des Steuerwesens im österreichischen Kaiserstaate mit besonderer Berücksichtigung der direkten Steuer und des Grundsteuer-Katasters, (herausgegeben vom k. k. Finanzministerium aus Anlaß des dritten statistischen Congresses in Wien im Jahre 1857), stellt sich laut nachfolgend angeführten Summen vom Jahr 1851 bis 1856 das Staats-Einkommen, in Betreff der Verzehrungssteuer des Weines ohne Abschlag der Regiekosten, folgend heraus:

	Bei der Einfuhr in die geschlossenen Städte		An Verzehrungssteuer wurde eingehoben						
Haupt-Summe für die ganze Monarchie			von Weinschänkern			Von Wein und Most			Im ganzen Rubriken 3 und 9
	Für N.-Oest. Eimer	Gulden	Gewerbe-mäßigen	nicht Gewerbe-mäßigen	Zusammen	mittelst Regie	mittelst Abfindungen und Pachtungen	Zusammen	
								Gulden	fr.
1	2	3	4	5	6	7	8	9	10
1851	2,386,671	1,605,389	35,344	4,026	39,370	447,514	2,299,195	2,746,709	4,352,098
1852	2,307,620	1,762,204	35,961	3,649	39,610	576,188	2,681,292	3,275,480	5,019,689
1853	2,323,422	1,714,290	34,703	3,853	38,556	228,793	2,988,083	3,216,876	4,931,166
1854	1,917,402	1,656,929	35,695	3,850	39,545	285,978	2,980,372	3,266,350	4,933,279
1855	1,517,428	1,486,354	35,055	4,658	39,713	388,874	2,901,545	3,290,419	4,776,773
1856	1,468,902	1,464,822	34,578	4,416	38,994	669,744	2,644,019	3,313,763	4,778,585

Haupt-Summe für 6 Jahre fl. 28,781,590

Durchschnitts-Summe für 1 Jahr fl. 4,796,931 40

Beilage C.

In den Tafeln zur Statistik des Steuerwesens im österreichischen Kaiserstaate vom k. k. Finanzministerium vom 1858 sind Tabelle IV die einzelnen Culturgattungen nach dem ihnen gewidmeten Flächenmaße und ihrem Geld Brutto-Ertrag im Ganzen und im jochweisen Durchschnitte zu ersehen.

Folio Nr. 86 ist nachgewiesen, daß in Niederösterreich für reine Weingärten, das gesammte Flächenmaß 797,656 Joch enthält, wovon sich die Reinertragssumme von 2,121,114 Gulden herausstellt, und der Durchschnittsbetrag des Reinertrages für ein Joch 26 Gulden 34 Kreuzer beträgt. Auch ist von jeder Provinz des österreichischen Kaiserstaates das Flächenmaß von Jochen, die Summe des Reinertrages, so wie auch der Reinertrag, welcher im Durchschnitte auf ein Joch entfällt, genau auseinander gesetzt, wodurch sich am Schluße herausstellt, daß die österreichische Gesammtmonarchie an reinen Weingärten 900,840 Joche besitzt, wovon der Reinertrag 10,171,512 Gulden beträgt, und sich der Durchschnittsertrag für ein Joch mit 11 Gulden 17 Kreuzer herausstellt.

Von gemischten Weingärten des gesammten Vaterlandes, stellt sich am Schluße das Flächenmaß von 106,455 Joche heraus, wovon der Reinertrag für ein Joch 7 Gulden 33 Kreuzer beträgt.

Aus diesem ministeriell zusammengestellten Ausweise, ist eben wieder ersichtlich, wie ich schon in meinem Entwurfe hingewiesen habe, daß der Weinbau, oder vielmehr die Weincultur in unserem Gesammt-Vaterlande in so mancher Gegend in ihrer Entwicklung noch kaum die Jünglingsjahre erreicht hat, und sich sogar nach den ministeriellen Nachweisungen, bezüglich des unver=

hältnißmäßigen Reinertrages, schließen läßt, daß die Weincultur in unserem Gesammt=Vaterlande noch sogar im großen Maßstabe, wie ein unbehilfliches Kind in der Wiege liegt, woran aber nicht der Boden unseres gesegneten Vaterlandes, sondern nur Unkenntniß, Nichtdenken, Unthätigkeit und Trägheit schuld sein können, denn es ist doch unstreitig, daß der Boden Ungarns fetter, kräftiger und in jeder Hinsicht erträglicher ist als der Boden Niederösterreichs, so ist auch ein Theil in Untersteier bevorzugt, und wird noch mehrere Provinzen geben, welche, wenn schon nicht bevorzugt, doch mit ihrem Boden dem Lande Niederösterreichs gleichgehalten sind.

Da in unserem lieben Oesterreich im Durchschnitte von einem Joche Weinland der Reinertrag mit 26 Gulden 38 Kreuzer angenommen ist, und sich der Durchschnitt des Weinlandes, vom Gesammt=Vaterlande mit dem Reinertrag mit 11 Gulden 17 Kreuzer vom Joche herausstellt, so zeigt sich, daß in Oesterreich jedes Joch Weinland mit dem Reinertrag um 14 Gulden 21 Kreuzer höher beanschlagt ist, und da die Steuer nach dem Reinertrage bemessen ist, so ergibt sich eben wieder, daß wir in Oesterreich von jedem Joch Weinland, noch ein und ein Drittelmal so viel Steuer leisten, als alle Nebenländer und Provinzen; dann gibt es noch einzelne Gemeinden und Gebirge in Oesterreich, welche im höchsten Uebermaße mit ihrem Reinertrag beanschlagt sind, wie es am Schluße zu ersehen ist.

Es ist wahr und unstreitig, das der Wein in Oesterreich vor dem Jahre 1848 erstens einen leichteren, und auch im Preise einen etwas höheren Absatz gefunden, als in unseren Nebenländern, z. B. in Ungarn war die Grenzmauth, wo per Eimer 2 Gulden 24 Kreuzer C.=M. bezahlt werden mußte, und da es keine Eisenbahnen gab, mußte der Wein auf der Achse transportirt werden, wodurch eben auch wieder der Wein durch die Fracht=spesen zu hoch kam, daher Oesterreich unstreitig durch die erschwerte Concurrenz der Nebenländer einen Vorzug hatte, aber aus diesem Grunde allein, war der Vorzug nicht so groß, daß sich die Eintheilung des Reinertrages in so großen Unverhältnisse ergeben konnte.

Die Hauptsache ist immerhin, der altbekannte Fleiß und die Thätigkeit der Oesterreicher, womit sie ihre Weingärten und Gebirge in einen regelmäßigeren Culturzustand gebracht haben, wodurch dem Staate durch das Produkt des Weines ein bedeutender Nutzen zugeflossen ist. Unstreitig ist es auch, daß der Oesterreicher zu jeder Zeit ohne zu Murren für sich, für seinen Herrn und Kaiser, so wie auch für das Vaterland Alles gerne thut und leistet, soweit nur seine Kräfte reichen. Ich habe auch in dem Entwurfe hingewiesen, daß die Besteuerung des österreichischen Boden, schon den höchsten Punkt erreicht hat, und wenn noch das kleinste Gewicht in die Waagschale gelegt wird, so wird die Bodencultur, welche nur durch Fleiß und Thätigkeit diese Höhe erreicht hat, wieder den Rückgang einschlagen, wodurch nicht nur die Betreffenden benachtheiliget, sondern auch dem Staate bedeutender Nachtheil zugeführt wird.

Ich lebe unter jener Classe Menschen, welche der Bodencultur angehören, weil es eben auch mein Beruf ist, und bin ein einfacher schlichter Bürger, bin aber zu jederzeit bereit, wo es für meinen Herrn und Kaiser, für das Wohl des Vaterlandes und des Staates gilt, nach meinem äußersten Kräften beizutragen.

Die Zeiten und Verhältnisse haben sich aber jetzt durch 14 Jahre in unserem Vaterlande ganz anders gestaltet, der Grenzschranke, welcher Oesterreich und Ungarn trennte, ist gefallen, an welchen der Ungarwein 2 Gulden 24 Kreuzer C. M. zahlen mußte, und jetzt frei durchgeht. Die gesammte Monarchie ist mit Eisenbahnen durchkreuzt, wodurch man von allen Richtungen das Produkt auf die schnellste Weise versenden und beziehen kann, aber die Eintheilung ist bis zur Stunde beim Alten geblieben, daher auch die Oekonomen in Oesterreich, welche gewiß an Fleiß und Thätigkeit gewohnt sind, mißmuthig werden, und man oft und häufig die Worte hört: was nützt unser Fleiß, was nützt unsere Thätigkeit, jemehr wir thun, desto mehr wird von uns gefordert, wo entgegengesetzt unsere Nachbarländer, welche jetzt mit dem Absatze ihrer Produkte so sehr begünstiget sind, und durch die unregelmäßige Besteuerung ihres Bodens nur in ihrer Unthätigkeit und

Faulheit unterstützt werden, wodurch wir mit dem Absatze und dem Werthe unseres Produktes so sehr benachtheiliget sind, und eben auch der Staat in seinem Einkommen verkürzt ist.

Daher glaube ich auch, daß es gut sein würde, wenn von Seite des Staates, welcher den Nachbarländern und Provinzen durch Eisenbahnen und Zoll so viele Begünstigungen zukommen ließ, auch die Besteuerung nach dem Verhältnisse der Begünstigung geregelt würde, wodurch demselben im gerechtesten Wege eine bedeutende Summe zugeführt werden könnte.

Ich will noch zum Schluße zur vollkommenen Einsicht, vom Bezirke Mödling die Besteuerung eines Joches Weinlandes folgen lassen, und auch zugleich die Bearbeitung eines Joches Weinlandes, so wie auch die Kostenauslagen, welche ein Joch Weinland erfordert um selbes in kräftigem und erträgnißvollem Zustande zu erhalten, wortgetreu specificiren, da wir in diesem Bezirke größtentheils an der Gebirgskette liegen, daher auch größtentheils sehr steinige und magere Grundarten besitzen, wodurch unsere Weingärten und Aecker mühsamer zu bearbeiten sind, und eben auch zu ihrer kräftigen Erhaltung sehr viel Kostenauslagen benöthigen.

Wie sich am Schluße zeigt ist ein niederösterreichisches Joch Ackerland I. Classe mit 7 fl. 55 kr. Reinertrag und die Steuer 1 fl. 33 kr.
„ II. „ „ 5 fl. 25 kr. „ „ „ „ — 91 kr.
„ III. „ „ 3 fl. 15 kr. „ „ „ „ — 54$^1/_2$ kr.
beanschlagt, somit ergibt sich, daß die durchschnittliche Steuer ohne Zuschlag, von diesen drei Classen per Joch 78 Kreuzer beträgt.

Ich will in Betreff des Ackerlandes jede weitere Specificirung unterlassen, habe es nur angeführt um zu beweisen, was den Weingärtnern auferlegt ist, und was selbe von einem Joch Weingarten zu leisten haben, und welches Einkommen dem Staate von einem Joche Weingarten zufließt und zufließen muß, wenn die Besteuerung des Weines, nach meinem Entwurfe geregelt werden sollte, wodurch nach meiner Ansicht den Weingärtnern ihr Stand erleichtert, für die schnellere Hebung der Weincultur sehr viel beigetragen, und für den Staat auf die entsprechendste Weise gesorgt werde.

Von einem Joch Weinland, wenn es auf vernünftige Weise bearbeitet wird, sind immerhin im Durchschnitte 40 Eimer Wein zu rechnen. Wird die Besteuerung nach meinem Entwurfe durchgeführt, so entfallen von den 40 Eimer für Lager, Sool, Schwendung und Fülle von jedem Eimern sechs Maß, somit zur Besteuerung für den Staat 34 Eimer verbleiben. Wenn die Steuer per Eimer mit 50 Kreuzer angenommen wird, so entfällt der Steuerbetrag für dem Staat mit 17 Gulden.

				Steuer
				17 fl. — kr.
der Reinertrag von der	I. Classe ist mit	58 fl. 30 kr.	9 fl. 83 kr.
"	"	"	" II.	"	"	" 45 fl. 35 kr.	7 fl. 66 kr.
"	"	"	" III.	"	"	" 32 fl. 25 kr.	5 fl. 44 kr.
			135 fl. 90 kr.	22 fl. 93 kr.

Somit beträgt der Durchschnitt von diesen drei Classen per Joch Reinertrag 45 fl. 30 kr., Steuer 7 fl. 64 kr.

Ich will bei dieser Specificirung die Zuschläge, welche bereits eben so viel betragen gänzlich weglassen, so zeigt sich schon in der wahren Steuer, daß ein Joch Weinland gegen ein Joch Ackerland, welches 92 Kreuzer wahre Steuer leistet, bereits zehnmal so hoch besteuert ist. Zugleich stellt sich heraus, daß dem Staate an Grund- und Verzehrungssteuer von einem Joch Weinland 24 Gulden 84 Kreuzer zufließt, wodurch klar hervorgeht, daß der Staat von einem Joche Weinland mehr Nutzen zieht, als von $27\frac{3}{4}$ Joch Aecker.

Genaue specificirte Rechnung.

Ueber die Bearbeitung eines Joches Weinland in Niederösterreich und den erforderlichen Auslagen, um selbes im kräftigen und erträgnißvollem Zustande zu erhalten:

Die durchschnittliche wahre Steuer von den drei Classen beträgt	7 fl.	64 kr.
Die sämmtlichen Zuschläge	6 „	20⅓ „
Erste Arbeit, schneiden, acht Tagwerk à 1 fl. .	8 „	— „
Zweite „ erstes Hauen, 16 Tagwerk à 1 fl. .	16 „	— „
Dritte „ Steckenschlagen, sechs Tagwerk à 1 fl.	6 „	— „
Vierte „ zweites Hauen, 14 Tagwerk à 1 fl.	14 „	— „
Fünfte „ Jätten und Binden, 20 Tagwerk à 1 fl.	20 „	— „
Sechste „ drittes Hauen, 14 Tagwerk à 1 fl.	14 „	— „
Siebente „ Nach- u. Aufbinden, 16 Tagwerk à 1 fl.	16 „	— „
Achte „ Lesen und Pressen, 16 Tagwerk à 1 fl.	16 „	— „
An Fuhrlohn per zwei Fuhren à 1½ fl. . .	3 „	— „

Diese Arbeiten werden die Sommerarbeiten genannt.

Um aber ein Joch Weingarten im kräftigen und erträgnißvollen Zustande zu erhalten, benöthiget es alljährlich sechs Fuhren Dünger, da aber der erforderliche Dünger, von den Weingärtnern, welche an der Gebirgskette liegen, und überhaupt von all' Denen, welche keine gemischte Wirthschaft besitzen, nicht erzeugt werden kann, sondern gekauft werden muß, so kostet eine Fuhr immerhin 7—9 Gulden, ich will aber nur bloß sieben Gulden annehmen, so beträgt die Auslage 42 „ — „

Die Verarbeitung des Düngers beträgt immerhin dasselbe . . . . 42 „ — „

Dann erfordert ein Joch Weingarten alljährig 400 Weinpfähle oder Weinstecken, wovon das Tausend 35 Gulden kostet, so macht der Betrag von 400 Stück . . . . 14 „ — „

Auch erfordert ein Joch Weingarten einen halben Schober Bandstroh, um die jungen Reben durch das Anbinden vom Winde zu schützen, welches mit fünf Gulden anzunehmen ist . . 5 „ — „

Fürtrag . 229 fl. 84⅓ kr.

	Uebertrag	. 229 fl. 84⅓ kr.

Dann im Spätherbste die Stecken aus der Erde
ziehen und auf Haufen zu legen per Joch . 5 „ — „
Ferner die jungen Weinstöcke zu richten . . . 6 „ — „
Somit beträgt die gesammt Auslage für ein
Joch Weingarten in einem Jahre die Summe
von . . . . 240 fl. 84⅓ kr.

Nach der Zusammenstellung der k. k. Landwirthschafts-Gesellschaft, stellt sich das Durchschnittserträgniß von einem Joche Weingarten mit 38 Eimer, und der Durchschnittspreis per Eimer mit 4¼ Gulden heraus, daher nach dieser Berechnung der Ertrag eines Joches Weingarten auf 161 Gulden 50 Kreuzer zu stehen kommt, wodurch sich zeigt, daß nach Abzug dieses Ertrages, von meiner specificirten Rechnung über Bearbeitung und Kostenauslagen, jedem Weingärtner von einem Joche ein Nachtheil von 79 Gulden 34 Kreuzer zukäme.

Da sich aber durch Fleiß und Thätigkeit mit eben der von mir angeführten Anwendung, zur kräftigen Erhaltung, von jedem Joche Weingarten 40—50 Eimer Wein beziehen lassen, und auch durch Aufmerksamkeit und practische Kellerwirthschaft, der Durchschnittspreis mit sechs Gulden zu erreichen ist, so stellt sich, wenn ich 45 Eimer Erzeugniß, und den Preis per Eimer zu sechs Gulden annehme, der Ertrag von einem Joche Weingarten mit 270 Gulden heraus, wo sodann mit Abzug der Arbeit und Auslage von 240 Gulden 84 Kreuzer, dem Weingärtner ein Gewinn von 29 Gulden 16 Kreuzer bleibt.

Ein Joch Weingarten, welcher nach dieser meiner angegebenen Weise bearbeitet, und im kräftigen Zustande erhalten ist, ist immerhin tausend Gulden werth, woraus sich zeigt, daß der Weingärtner mit allem Fleiß und Thätigkeit, aus seinem Grundcapital von 1000 Gulden nicht einmal 3 Percent bezieht, daher der Weingärtner von früh Morgens, bis spät in den Abend mit unermüdetem Eifer zur Thätigkeit und eigener Handanlegung angewiesen ist, um sich in seinen Auslagen, Ersparnisse, durch eigenen Verdienst zuzuziehen; der das nicht thut, muß zu Grunde gehen, wie auch schon Tausende zu Grunde gegangen sind, da sich ein Mann mit vollem Fleiße und Thätigkeit nur erhalten, und den Rückschritt in seiner Wirthschaft verhüten kann, aber nicht im Stande ist, für seine Kinder etwas zu erübrigen, noch für sein Alter zu sorgen. Das ist das Los eines Weingärtners, arbeiten bis ihm der Tod die Augen schließt, oder in seinem Alter in Noth und Elend zu schmachten.

Und bei all dieser Besteuerung und Plage muß ein Weingärtner sogar von seinen Abfällen, nämlich vom Eimer Trestern 16 Kreuzer, und vom Eimer Lager 31½ Kreuzer zahlen, aus welchen er sich den sogenannten Glauberwein bereitet, um selben bei seiner schweren Arbeit in den heißen Sommertagen als Labung zu sich zu nehmen, wo entgegengesetzt viele Millionen Menschen, welche nichts thun, und auch für den Staat sehr wenig leisten, den besten Wein unversteuert genießen.

Durch diese vorangeführten Gründe ist klar und deutlich zu sehen, daß, wenn noch das kleinste Gewicht in die Waagschale des schweren Looses der Weingärtner gelegt wird, die Weincultur noch in ihrer jugendlichen Entwicklung den Rückgang einschlagen muß, wodurch nicht nur der Weingärtner, sondern auch für den Staat eine der segensreichsten Hilfsquelle zu Grunde gerichtet wird.

Wie ich nachgewiesen habe, zeigt sich, daß wenn selbst nach meinem Entwurfe die gegenwärtige Verzehrungssteuer von 1 Gulden 68 Kreuzer auf 50 Kreuzer reducirt wird, dem Staate durch die Grund- und Verzehrungsteuer des Weines vom einem Joch Weinland, welches ich mit dem Durchschnittswerthe von 1000 Gulden beanschlagt habe, ein Steuerbetrag von 24 Gulden 84 Kreuzer zufließt, wodurch sich aus meiner wortgetreuen Specificirung zeigt, daß der Staat von einem Joch Weingarten um 2 Gulden 68 Kreuzer mehr Steuer bezieht, als der Erzeuger aus seinem Grundcapital von 1000 Gulden Procent ziehen kann.

55

Kultursgattung	Klasse Nr.	Reinertrag vom N. Oe. Joch (fl. kr.)	Steuer à 16%, vom Reinertrag in Oe. W. (fl. kr.)	Steuer f. allen Zuschlägen (fl. kr.)
Aecker	I	7.55	1.33	2.40
"	II	5.25	—.91	1.64
"	III	3.15	—.50½	—.98
Wiesen	I	14.25	2.42½	4.38
"	II	10.50	1.82	3.6
"	III	5.30	—.92½	1.67
Gärten größere	I	19.45	3.32	6.—
"	II	15.45	2.63½	4.77
"	III	7.55	1.33	2.40
Gärten kleinere und Krautgärten	I	7.55	1.33	2.40
Niederwälder	I	2.50	—.47½	—.86
Bau-Area	I	5.25	—.91	1.64

Kultursgattung	Klasse Nr.	Reinertrag vom N. Oe. Joch (fl. kr.)	Steuer à 16%, vom Reinertrag in Oe. W. (fl. kr.)	Steuer f. allen Zuschlägen (fl. kr.)
Weingärten	I	58.30	9.33	17.86
"	II	45.35	7.66	13.53
"	III	32.25	5.41½	9.84
"	IV	21.—	3.53	6.38
"	V	11.15	1.89	3.41
Hutweiden	I	5.30	—.92½	1.67
"	II	1.40	—.28	—.50
"	III	—.35	—.10	—.18
Hutweiden mit Laubholz.	I	1.55	—.32½	—.59

Unbenützbarer Boden für Gumpoldskirchen 80 Joch 1135 Quadrat-Klafter.

Unterm 2. Dezember 1868 erlaubte ich mir Sr. Excellenz dem Herrn k. k. Finanzminister den Eingangs angeführten, Seiner k. k. Apost. Majestät im Jahre 1862 alleruntertänigst unterbreiteten Entwurf zur Regulirung der Verzehrungssteuer von dem Weinverbrauche, so wie die Bitte um Schutz der Weinproduction gegenüber der Erzeugung künstlicher Weine ohne Entrichtung einer Verzehrungssteuer vorzulegen, wie folgt:

Euer Excellenz!

Ich erlaube mir Euer Excellenz in der Beilage (Seite 17) den Entwurf einer Weinbesteuerung wie ich selben am 24. April 1862 verfaßte zur gütigen Bedachtname vorzulegen.

Dieser Entwurf wurde seinerzeit, Seiner Majestät von mir unterbreitet, und mir von Seite des hohen k. k. Finanzministeriums laut hohen Erlasses vom 20. Mai 1862 Nr. 26,153/750 bemerkt, daß meine patriotischen Bestrebungen vollkommen gewürdiget werden, daß jedoch bereits die Abänderung des Gesetzes über die Besteuerung des Weinverbrauches in Schwebe stehen und daher derzeit von diesem Entwurfe und Vorschlage kein Gebrauch gemacht werde.

Die Verhältnisse haben sich seither sehr geändert, und es dürfte an der Zeit sein die Besteuerung der Weinproduction neuerdings in Erwägung zu ziehen, daher ich obigen Entwurf mit einigen Desiderien zur Hebung der Weincultur neuerdings vorzulegen mir erlaube.

Dieser Entwurf hat seither durch den Wegfall Venedigs und der ungarischen Länder eine Modification erlitten.

Nach obigen Entwurf waren zu versteuern: 44,517,250 Eimer
Hievon ab Ungarn sammt
Nebenländern . . . 25,288,750 Eimer
Hievon ab Venedig . . 2,080,000 „   27,368,750 „
Somit verbleiben nach dem jetzigen Verhältniß 17,148,500 „
Rechnet man hiezu   „   „   8,000,000 „
welche aus Ungarn sammt Nebenländern in
alle übrigen Provinzen eingeführt werden
daher noch der Verzehrungssteuer unterliegen,
so ergibt sich eine Gesammtsumme von . . 25,148,500 „
Nach Abzug der von mir angenommenen sechs
Maß per Eimer, für Lager, Sool, Schwen-
bung und Fülle von . . . . 3,772,225 „
verbleiben zur Versteuerung . . . . . . 21,376,225 Eimer
Nach obigem Entwurfe (Seite 17) per Eimer
zu 50 kr. ergibt sich die Summe von . 10,688,112 fl. 50 kr
Die Einbringungskosten abgerechnet zu 20
pCt., das ist vom Eimer mit 10 kr.
berechnet . . . . 2,137,622 fl. 50 kr.
so verbleibt dem Staate nach obigem Entwurfe nach der gewiß mäßigen Besteuerung
per Eimer zu 50 kr. ein reines Einkommen von . . . . 8,550,450 fl. — kr.

Nach dieser meiner wahrheitsgetreuen Mittheilung dürfte ersichtlich nachgewiesen sein, von welch großer Wichtigkeit der österreichische Weinbau für das Vaterland und den Staat ist! Die gegenwärtige hohe Besteuerung und Erzeugung künstlicher Weine sind es, welche der Weinproduction Gefahr bringen.

Bei der Enquet-Commission wurde auch über diese Besteuerung verhandelt, und es ward die (fünfte) Frage, vom hohen Ackerbauministerium gestellt:

„Ist die dermalige Verzehrungssteuer für Wein im Ver-
„hältnisse zu dem Werthe des Productes und im Vergleiche zu
„der auf anderen Artikeln lastenden Verzehrungssteuer zu hoch,

„und in welcher Weise könnte die Einhebung dieser Steuer mit „Beseitigung der in der Petition der niederösterreichischen Wein„bauern hervorgehobenen Uebelstände bewerkstelliget werden?"

Bei dieser Frage nahm ich das Wort, und entwickelte: daß die Verzehrungssteuer für Wein viel zu hoch und sehr unpractisch und zweckwidrig sei. Dies dürfte wohl dadurch nachgewiesen sein, daß die Steuer für Wein, sammt der Steuer für die Abfälle derselben, (nämlich Trester und Lager) von dem Werthe des Productes zwei Drittel beträgt, und noch überdieß ein Joch Weingrund neun Mal so hoch, als ein Joch der besten Weizenäcker in der Grundsteuer belastet ist! daher der schreckliche Druck, welcher dadurch der Weincultur, dem Weinausschanke so wie für die Consumenten hervorgeht.

Anstatt die hohe Verzehrungssteuer zu regeln, wurde immer mehr und mehr Steuer verlangt, wodurch auch der Druck immer mehr und mehr durch enorme Grund= und Verzehrungssteuer erhöht wurde.

Durch meine Entwürfe kann die Verzehrungssteuer für Wein um zwei Drittel reducirt werden, und dem Staate dennoch ein sechs mal so hohes Einkommen zufließen.

Berücksichtiget man die Verhältnisse, wie sie sich drückend für den Weingartenbesitzer darstellen, so sind es drei Momente, die eine Abhilfe erheischen:

a) Die Abänderung des Besteuerungs Modus der Verzehrungssteuer nach dem in dem Entwurfe angegebenen Grundsätzen, wodurch die Herabminderung derselben für die Grundbesitzer, aber auch eine Erhöhung der Einnahme für den Staat erzielt wird.

b) Die Herabsetzung der enormen und höchst drückenden Grundsteuer, durch die baldigste Einleitung einer allgemeinen Grundsteuerregulirung.

c) Der Schutz gegen die Fabrikation der künstlichen Weine, damit selbe nicht mehr ohne Entrichtung der Verzehrungssteuer erzeugt und ausgeschenkt, ja inner den Linien Wiens ohne Entrichtung einer Verzehrungssteuer per 3 Gulden 32 Kreuzer fabricirt und consumirt werden dürfen.

Ich erlaube mir daher die ergebenste Bitte:

Euer Excellenz geruhen diese meine Eingabe huldvollst aufzunehmen und diese drei Vorschläge baldigst als Regierungsvorlage an den hohen Reichsrath gelangen zu lassen.

Gumpoldskirchen am 2. Dezember 1868.

Friedrich Faseth.